EFETIVAÇÃO DAS DECISÕES JUDICIAIS ANTECIPATÓRIAS, CAUTELARES E INIBITÓRIAS NO PROCESSO DO TRABALHO

Leonardo Alexandre Lima Andrade Valadares

Mestre em Direito do Trabalho, pela PUC/MG. Especialista em Direito do Trabalho e Previdenciário, pela Universidade Gama Filho/RJ. Graduado em Direito, pela PUC/MG. Advogado.

EFETIVAÇÃO DAS DECISÕES JUDICIAIS ANTECIPATÓRIAS, CAUTELARES E INIBITÓRIAS NO PROCESSO DO TRABALHO

EDITORA LTDA.
© Todos os direitos reservados

Rua Jaguaribe, 571
CEP 01224-001
São Paulo, SP — Brasil
Fone (11) 2167-1101

LTr 4367.6
Junho, 2011

Visite nosso site:
www.ltr.com.br

Dados Internacionais de Catalogação na Publicação (CIP)
(Câmara Brasileira do Livro, SP, Brasil)

Valadares, Leonardo Alexandre Lima Andrade
Efetivação das decisões judiciais antecipatórias, cautelares e inibitórias no processo do trabalho / Leonardo Alexandre Lima Andrade Valadares. – São Paulo : LTr, 2011

Bibliografia
ISBN 978-85-361-1763-8

1. Direito processual do trabalho - Brasil 2. Efetividade da prestação jurisdicional 3. Justiça do trabalho - Brasil 4. Processo judicial - Brasil 5. Sanções (Direito) 6. Tutela antecipada 7. Tutela cautelar 8. Cautela inibitória I. Título.

11-03818	CDU-347.95:331(81)

Índices para catálogo sistemático:

1. Brasil : Efetivação das decisões judiciais antecipatórias, cautelares e inibidoras : Direito processual do trabalho   347.95:331(81)

*Aos meus pais, Kdner e Marly, pelo amor
e apoio incondicionais, sempre acreditando e
investindo em meus estudos.*

*À Nathália, amor eterno, pela paciência
e por estar ao meu lado durante todo o
desenvolvimento deste trabalho.*

Em especial, ao professor José Roberto Freire Pimenta, grande mestre e entusiasta do Direito do Trabalho, por ter me concedido a honra e o privilégio de ser meu orientador acadêmico, atividade que exerceu com muito zelo e excelência, e pelos valiosos ensinamentos compartilhados em sala de aula, imprescindíveis ao desenvolvimento deste trabalho e ao meu crescimento intelectual e profissional.

Aos professores Márcio Túlio Viana, Luiz Otávio Linhares Renault e Mauricio Godinho Delgado, que contribuíram substancialmente para a elaboração deste trabalho, ajudando-me a compreender o valor e o papel fundamental do Direito do Trabalho na construção de uma sociedade justa e democrática.

Aos meus amigos e sócios de escritório, pela paciência e apoio durante a minha caminhada acadêmica.

A todos aqueles que, de forma direta ou indireta, contribuíram para que este trabalho fosse realizado.

SUMÁRIO

PREFÁCIO 11

INTRODUÇÃO 17

1. PRESSUPOSTOS TEÓRICOS 19

   1.1. A crise do Poder Judiciário e a inefetividade da tutela jurisdicional trabalhista 19

   1.2. O caráter instrumental do processo 22

   1.3. Garantia constitucional da ação e efetividade da tutela jurisdicional 25

2. TUTELAS DE URGÊNCIA, DE EVIDÊNCIA E INIBITÓRIA 29

   2.1. Direito fundamental ao processo sem dilações indevidas 29

   2.2. A necessidade de construção de procedimentos diferenciados e a técnica de cognição 33

      2.2.1. As características principais do direito material do trabalho 37

      2.2.2. A cognição nos planos vertical e horizontal 43

      2.2.3. A técnica da cognição plena e exauriente 44

      2.2.4. A técnica da cognição parcial 45

      2.2.5. A técnica da cognição sumária 46

   2.3. Tutela de urgência 49

   2.4. Tutela de evidência 56

   2.5. Tutela inibitória 60

   2.6. A aplicabilidade das tutelas de urgência, de evidência e inibitória no processo do trabalho 65

      2.6.1. A generalização da tutela antecipada e específica das obrigações promovida pelos arts. 273 e 461 do CPC 65

      2.6.2. A aplicação subsidiária dos arts. 273 e 461 do CPC ao processo do trabalho 68

      2.6.3. Os efeitos da ampla utilização da tutela antecipada e específica das obrigações na esfera trabalhista 74

3. EFETIVAÇÃO DAS DECISÕES JUDICIAIS ANTECIPATÓRIAS, CAUTELARES E INIBITÓRIAS 80

3.1. Técnica executiva e o direito fundamental à tutela jurisdicional efetiva 80

3.2. A técnica executiva e as formas de execução: execução direta e indireta 84

3.3. Execução indireta e tutela específica 89

3.4. Execução indireta no direito comparado 93

    3.4.1. *Common law* 93

    3.4.2. Direito francês 99

    3.4.3. Direito alemão 104

4. SANÇÕES APLICÁVEIS AO DESCUMPRIMENTO INJUSTIFICADO DAS DECISÕES JUDICIAIS ANTECIPATÓRIAS, CAUTELARES E INIBITÓRIAS NO PROCESSO DO TRABALHO 110

4.1. Medida coercitiva patrimonial: multa – arts. 287 e 461, § 4º do CPC 111

    4.1.1. Natureza 111

    4.1.2. Hipóteses de cabimento da multa 112

        4.1.2.1. Multa e tutela antecipada de soma em dinheiro 114

    4.1.3. Valor e periodicidade de incidência da multa 116

    4.1.4. Termo inicial e termo final da multa 119

    4.1.5. Exigibilidade da multa 122

    4.1.6. Forma de execução do crédito decorrente da multa 126

    4.1.7. O destinatário do valor da multa 128

4.2. Medida coercitiva pessoal: prisão 130

    4.2.1. Prisão com natureza coercitiva 130

    4.2.2. Prisão com natureza punitiva 136

4.3. As medidas atípicas do art. 461, § 5º, do CPC 139

CONSIDERAÇÕES FINAIS 143

REFERÊNCIAS 147

PREFÁCIO

Todos os operadores do Direito que, em nosso país, atuam na esfera trabalhista nos dias de hoje (seja no plano acadêmico, seja no plano prático da solução judicial e extrajudicial dos dissídios laborais, individuais e coletivos) deparam-se, fundamentalmente, com duas grandes questões que, *grosso modo*, correspondem às duas vertentes essenciais e inseparáveis do fenômeno jurídico – o direito material e o processo.

De um lado, o Direito do Trabalho precisa solucionar a permanente tensão entre a necessidade de sua modernização – para fazer frente às profundas transformações da realidade econômica mundial e nacional e aos desafios daí decorrentes – e a preservação de seus princípios fundamentais e de sua própria razão de ser nas sociedades democráticas de massa do início do século XXI – que continua a ser a proteção do trabalhador, como a parte hipossuficiente da relação de emprego, e a perspectiva de elevação de sua condição econômica e social, pelas vias negociada e legislada, no quadro das economias de mercado.

Por outro lado, o Direito Processual do Trabalho, de início concebido e construído, com razoável sucesso, para ser um instrumento diferenciado, flexível e capaz de propiciar a solução rápida e adequada dos conflitos trabalhistas, tem-se defrontado com uma crescente explosão de processos repetitivos que, por sua vez, causa uma progressiva paralisação da jurisdição laboral e torna cada vez mais vantajoso o descumprimento deliberado e sistemático das mais elementares obrigações trabalhistas pelos denominados *litigantes habituais* – o que, por sua vez, vem tornando os direitos sociais, na prática e para um número crescente de trabalhadores, meras promessas constitucionais e legais na prática nunca concretizadas.

Em outras palavras, diante da progressiva inefetividade do processo ordinário tradicional, verifica-se que, infelizmente, a simples duração excessiva dos processos trabalhistas vem, cada vez mais, causando dano irreparável ou de difícil reparação à parte que tem razão, grave perigo contra o qual o grande Chiovenda, já ao final do século XIX, preconizava uma luta sem tréguas e sem quartel. Paralelamente, a constatação de que muitos dos direitos materiais objeto de tutela jurisdicional (especialmente os que são *direitos fundamentais*) têm natureza ou função não patrimonial (ou seja, não podem ser plenamente substituídos por *perdas e danos*) tem levado a se exigir que os instrumentos processuais sejam capazes de proporcionar a *tutela específica* (ou *in natura*) desses direitos (ou, pelo menos, a prestação, ao autor, de seu *equivalente prático*) e, ao mesmo tempo, que seja *preventiva* ou *inibitória* (ou seja, antes mesmo da ocorrência de uma lesão concreta), ao invés da tutela meramente ressarcitória a eles correspondente.

Como se sabe, a ciência processual contemporânea – seja nos países do Primeiro Mundo, seja no Brasil – tem adotado, nas últimas décadas, novos, variados e efetivos remédios para esse problema, dentre os quais tem sobressaído o crescente uso das tutelas antecipatórias, cautelares e inibitórias, por meio de decisões interlocutórias ou finais. Isto, por sua vez, colocou como centro das atenções a necessidade, verdadeiramente constitucional, de assegurar o pleno e imediato cumprimento dessas decisões judiciais por seus destinatários, sob pena de fazer cair por terra todo esse edifício conceitual e normativo e a eficácia prática dessas inovações.

Sendo indiscutível serem tais inovações da legislação processual comum subsidiariamente aplicáveis ao processo do trabalho, nos termos do artigo 769 da CLT, é preciso reconhecer, por outro lado, que ainda há em nosso país, hoje, poucas obras doutrinárias que tratam especificamente da matéria, apesar de seu indiscutível relevo e oportunidade.

Foi exatamente para colaborar na compreensão e na solução dessa importantíssima questão que o talentoso advogado e professor Leonardo Alexandre Lima Andrade Valadares elaborou a presente obra, *Efetivação das Decisões Judiciais Antecipatórias, Cautelares e Inibitórias no Processo do Trabalho*, que agora tenho a honra e a satisfação de apresentar, e que corresponde à dissertação, da qual fui orientador, com a qual ele obteve o grau de Mestre em Direito do Trabalho pela PUC-MG, com a nota máxima, distinção e recomendação de sua publicação, perante Banca Examinadora também constituída pelos Professores Doutores Márcio Túlio Viana (PUC-MG) e Adriana Goulart de Sena (UFMG).

Partindo da correta constatação de que a adequada solução do problema é uma exigência constitucional, por sua evidente e direta ligação com o princípio da efetividade da tutela jurisdicional e com o direito fundamental a um processo sem dilações indevidas, o autor demonstra como isso somente poderá se dar pela intensa e flexível aplicação, na esfera trabalhista, das recentes inovações legislativas introduzidas pelas sucessivas reformas do processo civil brasileiro das últimas décadas e das lições proporcionadas pelo direito comparado, por ele cuidadosamente pesquisadas e analisadas.

Além da criteriosa utilização da melhor e mais atual doutrina constitucional e processual comum de nosso país, a presente obra, que bem retrata a linha de pesquisa do Mestrado e Doutorado em Direito do Trabalho da PUC-MG sobre *trabalho, modernidade e democracia*, tem o grande mérito de não deixar de apontar e de enfrentar as várias e intrincadas questões práticas hoje suscitadas e discutidas no âmbito judicial acerca da matéria, não se furtando a propor, fundamentadamente, as soluções que lhe pareçam mais adequadas.

Em suma, o autor consegue demonstrar que já existem hoje, no Brasil, tanto no campo doutrinário quanto no legislativo, os instrumentos necessários à prestação de uma tutela jurisdicional realmente efetiva, tanto nas situações em que o direito material, em juízo de cognição sumária, mostra-se plausível e, por sua natureza ou função constitucional, digno de proteção judicial imediata, sem necessidade de esperar o trânsito em julgado da decisão final e o esgotamento da execução definitiva para ser integralmente satisfeito, quanto naquelas em que é indispensável prevenir ou fazer cessar a conduta ilícita do réu, independentemente da demonstração da ocorrência de dano efetivo. Com isso, a obra supre uma lacuna da literatura jurídica laboral de nosso país, sendo de enorme utilidade para todos aqueles comprometidos com a utilização do processo do trabalho como instrumento de concretização dos direitos fundamentais sociais e da efetividade da tutela jurisdicional trabalhista.

Como os leitores poderão apreciar, trata-se de obra indispensável para todo aquele que queira se aprofundar no exame de temática tão atual e oportuna.

José Roberto Freire Pimenta
Ministro do Tribunal Superior do Trabalho
Professor do Mestrado e Doutorado em Direito do Trabalho da PUC-MG

> *"Não permiti que o vosso direito seja pisoteado impunemente."*
>
> *Immanuel Kant*

INTRODUÇÃO

Este trabalho tem como objetivo central tratar da efetivação das decisões judiciais antecipatórias, cautelares e inibitórias no processo do trabalho, principalmente no que diz respeito às sanções de natureza pecuniária e pessoal aplicáveis, em caso de descumprimento injustificado dessas decisões.

Cumpre ressaltar que o referido estudo será realizado sob a ótica do direito fundamental à efetividade da tutela jurisdicional, insculpido no inciso XXXV do art. 5º da Constituição da República de 1988, uma vez que, diante da proibição da autotutela privada, a jurisdição constitui o principal instrumento de que dispõe o cidadão para realizar a atuação dos seus direitos quando estes não são voluntariamente cumpridos por seus destinatários.

Nota-se, contudo, que qualquer abordagem que se faça sobre o serviço público prestado pelo Judiciário é marcada pela constatação da sua frequente e reiterada incapacidade de decidir com eficiência e presteza sobre as demandas sociais que lhe são submetidas, o que demonstra que o direito fundamental à tutela jurisdicional efetiva é frequentemente desrespeitado no cotidiano do exercício da jurisdição.

É oportuno ressaltar que a recente introdução de modernos mecanismos processuais – tais como a tutela antecipada, a tutela cautelar e a tutela inibitória – possibilitou o incremento da efetividade da tutela jurisdicional, permitindo não só a rápida tutela de direitos expostos ao perigo de dano irreparável quando não satisfeitos de imediato, como também a adaptação da tutela jurisdicional às diferentes situações de direito substancial e às particularidades do caso concreto.

Ocorre que, tanto na esfera cível quanto na trabalhista, é comum constatar-se o descumprimento injustificado e reiterado de decisões judiciais antecipatórias, cautelares e inibitórias, esterilizando-se o enorme potencial dessas modernas técnicas processuais para prestar a adequada tutela dos direitos substanciais.

Tal prática possui consequências ainda mais danosas no âmbito laboral, uma vez que quase sempre estão em jogo direitos fundamentais de natureza alimentar, que exercem nítida função não patrimonial, devendo, portanto, serem tutelados de maneira rápida e específica.

Nesse contexto, importa aqui demonstrar a importância da utilização das sanções de natureza pecuniária e pessoal diante da renitência do réu em cumprir regular ordem judicial contida nos provimentos jurisdicionais antecipatórios, cautelares e inibitórios, para pressioná-lo a adotar determinada conduta pretendida pelo ordenamento jurídico.

No primeiro capítulo, após a descrição do atual quadro de ineficiência da jurisdição trabalhista, serão examinados o caráter instrumental do processo e a correlação necessária e inafastável entre o direito de ação e o direito à efetividade da tutela jurisdicional.

O segundo capítulo destina-se a examinar as tutelas de urgência, de evidência e inibitória, notadamente no que tange à aplicabilidade desses institutos ao processo do trabalho e ao importante papel por eles exercidos na efetivação dos direitos substanciais trabalhistas. Para tanto, será preciso bem compreender o direito fundamental ao processo sem dilações indevidas e a necessidade de construção de procedimentos ajustados às reais necessidades de tutela dos direitos materiais do trabalho.

No terceiro capítulo, serão analisadas a relação entre a técnica executiva e o direito fundamental à tutela jurisdicional efetiva, as formas de execução direta e indireta, e a importância dos meios executivos indiretos para a concretização da tutela específica dos direitos.

Também, ainda, será feito um breve estudo sobre a execução indireta no direito comparado, com o objetivo de buscar elementos jurídicos para o incremento da efetividade dos provimentos jurisdicionais antecipatórios, cautelares e inibitórios no processo do trabalho brasileiro.

No quarto capítulo, discute-se sobre a possibilidade de cominação de sanções de natureza pecuniária e pessoal no âmbito da Justiça Laboral, com o intuito primordial de conferir efetividade às decisões judiciais antecipatórias, cautelares e inibitórias.

Após, pretende-se concluir não só pela aplicabilidade desses mecanismos processuais na esfera trabalhista, mas também pela relevância do uso responsável e proporcional das sanções de cunho pecuniário e pessoal por parte dos juízes do trabalho, para garantir que as posições jurídicas de vantagem reconhecidas em juízo sejam concretamente usufruídas por seus beneficiários.

1. PRESSUPOSTOS TEÓRICOS

1.1. A crise do Poder Judiciário e a inefetividade da tutela jurisdicional trabalhista

A falta de capacidade do Poder Judiciário brasileiro para decidir de forma eficaz e tempestiva as demandas sociais que lhe são submetidas vem se convertendo em alvo de grandes preocupações.

É notório que a Justiça padece de um mal que parece ser irreversível: demora excessiva nos julgamentos, número cada vez maior de novos processos e acúmulo em progressão geométrica de casos pendentes de solução.

Tratando-se especificamente da Justiça do Trabalho, é intrigante notar que, não obstante sua substancial dotação orçamentária e seu capacitado corpo técnico, ela ainda se mostre incapaz de solucionar de modo eficiente e rápido o crescente número de ações trabalhistas ajuizadas, sendo que boa parte delas versando, de forma reiterada, sobre lesões aos mais elementares e fundamentais direitos laborais.

Com efeito, diante do número astronômico de reclamações trabalhistas anualmente ajuizadas no Brasil[1], é improvável que qualquer sistema jurídico funcione de modo ao menos satisfatório. O resultado é a inevitável formação de diversos pontos de estrangulamento na prestação jurisdicional trabalhista, culminando em uma Justiça do Trabalho lenta e incapaz de dar resposta eficiente às controvérsias sociais.

O excessivo número de ações trabalhistas ajuizadas no Brasil faz com que qualquer operador do direito se interesse por diagnosticar a razão deste grave problema social. Ocorre que a propagação reiterada de algumas ideias preconcebidas de duvidosa base empírica conduz à formulação de certas asserções sobre o tema que se distanciam das causas fundamentais do número excessivo de demandas trabalhistas em curso no País.

Certamente, ideias como o alegado número excessivo de normas trabalhistas de origem estatal, que pecariam pela sua enorme complexidade, aumentando, assim, o número de controvérsias entre empregador e empregado, detêm enorme prestígio

---

(1) De acordo com pesquisas divulgadas pelo Conselho Nacional de Justiça, que analisou a litigiosidade da Justiça do Trabalho no período de 2004 a 2008, o número de processos ajuizados não parou de crescer, atingindo a inacreditável cifra de quase três milhões e novecentas mil novas reclamações trabalhistas ajuizadas em 2008, sendo ainda que no mesmo ano o resíduo de processos pendentes de julgamento ultrapassava o volume de três milhões (dados disponíveis no *site* do CNJ na internet).

nos meios de comunicação e na doutrina neoliberal. Trata-se do conhecido discurso de envelhecimento do Direito do Trabalho, que propõe a sua completa desregulamentação para estabelecer apenas um conjunto de normas dispositivas, invertendo-se a pirâmide normativa para transportar todo o seu conteúdo para o campo da negociação coletiva e, em um segundo momento, para o ajuste individual. Entretanto, é interessante notar, a este respeito, como a disposição das fontes normativas no ordenamento jurídico interfere diretamente no seu grau de tutela: geralmente, quanto maior o número de normas de origem heterônoma, mais protetivo é o ordenamento. Como salienta Henri Lacordaire: "entre o forte e o fraco, entre o rico e o pobre, entre o patrão e o operário, é a liberdade que oprime e a lei que liberta".[2]

De outro lado, existem afirmações no sentido de que a causa do número excessivo de demandas trabalhistas seria a propensão cultural dos brasileiros de sempre submeter ao Judiciário a solução de suas controvérsias, contrapondo-se à tendência hoje dominante em países mais desenvolvidos de utilizar os denominados "meios alternativos de solução de conflitos" (negociação coletiva, conciliação extrajudicial, mediação e arbitragem).

Ora, dados evidenciados pelo IBGE, com base na Pesquisa Nacional de Amostra de Domicílios, realizada em 2001, apontam que menos de 30% da população economicamente ativa do Brasil, já excluído o percentual de desempregados, corresponde, formalmente, a empregados, enquanto em países como Alemanha e França esse percentual atinge 80% do pessoal ocupado.[3] Está-se, portanto, diante de milhões de brasileiros que laboram com os elementos integrantes da relação de emprego sem, no entanto, serem reconhecidos formalmente como empregados. Destarte, o número excessivo de ações trabalhistas ajuizadas anualmente no Brasil pode ser apenas "a ponta do *iceberg*", sendo que a grande massa de conflitos intersubjetivos de interesses pode estar encoberta pelo fenômeno que os processualistas contemporâneos[4] denominam de "litigiosidade contida".

É óbvio que alterações legislativas capazes de tornar mais clara e inequívoca a aplicação das normas trabalhistas e a intensificação da utilização dos mecanismos alternativos de solução de conflitos são ações bem-vindas e que não podem ser desconsideradas pelo operador do direito. Indubitavelmente, não serão um ganho desprezível, mas pequeno impacto produzirão na prestação jurisdicional trabalhista.

Salta aos olhos que a causa fundamental para o excessivo número de demandas trabalhistas em curso no Brasil é, pura e simplesmente, a falta de efetividade do direito material trabalhista, traduzida pelo baixo índice de cumprimento espontâneo de suas normas jurídicas, muito aquém do admissível por qualquer sociedade capitalista do século XXI.

---

(2) SÜSSEKIND, Arnaldo; VIANNA, Segadas; MARANHÃO, Délio. *Instituições de direito do trabalho*. 4. ed. aum. e atual. Rio de Janeiro: Freitas Bastos, 1966. v. I, p. 24.
(3) Os dados citados neste trabalho encontram-se em: DELGADO, Mauricio Godinho. *Capitalismo, trabalho e emprego*: entre o paradigma da destruição e os caminhos da reconstrução. São Paulo: LTr, 2006. p. 127-135.
(4) DINAMARCO, Cândido Rangel. *A instrumentalidade do processo*. 11. ed. rev. e atual. São Paulo: Malheiros, 2003. p. 197.

É fácil perceber a razão do número astronômico de novas ações trabalhistas ajuizadas anualmente no Brasil, que, por via de consequência, torna ineficiente a atuação da Justiça do Trabalho. É que as normas trabalhistas, desde as mais elementares até as mais fundamentais, são ordinariamente descumpridas pelos seus destinatários, transformando o direito material de trabalho em uma mera promessa constitucional e legal. Logo, a única saída para os beneficiários dessas normas é contentar-se com as lesões perpetradas, o que ocorre em grande parte dos casos, ou recorrer ao Estado--juiz em busca da tutela jurisdicional, vez que a autotutela é juridicamente vedada.

O ilustre professor da UFMG e desembargador do TRT da 3ª Região Antônio Álvares da Silva foi um dos primeiros autores a revelar o grave problema social decorrente da incapacidade do Poder Judiciário de dar resposta, com a presteza que a situação impõe, ao não cumprimento espontâneo das normas trabalhistas. *In verbis*:

> Se estas normas não são cumpridas e se o Estado, que prometera a prestação jurisdicional, não as faz cumprir, há um colapso, embora parcial, da incidência do ordenamento jurídico. Como afirma Pontes de Miranda, "a jurisdição não é mais, nos nossos dias, do que um instrumento para que se respeite a incidência". Se a incidência não se opera, mutilam-se a vigência e a eficácia. A lei se transforma num ente inoperante que, embora existente e reconhecido para reger o fato controvertido, nele não incide em virtude da omissão estatal.
>
> Cria-se na sociedade a "síndrome da obrigação não cumprida", revertendo--se a valoração das normas de conduta: quem se beneficia das leis é o que as descumpre e não o titular do direito. Quem procura justiça, sofre a injustiça, pois o *lapsus temporis* que se forma entre o direito e o seu exercício, entre o fato jurídico e a fruição de suas vantagens pelo titular, beneficia o sonegador da obrigação que, escudado na demora, não cumpre a obrigação jurídica.[5]

Entretanto, registre-se que o descumprimento reiterado de normas trabalhistas por parte dos empresários e demais empregadores brasileiros, muito acima do verificado nos países centrais do capitalismo, não é devido ao fato de eles serem mais ou menos desonestos do que a média mundial. Certamente, a falta de aplicação concertada de mecanismos jurídicos que tornem o descumprimento menos vantajoso economicamente para os empregadores brasileiros é o principal incentivo para a perpetuação desta prática reprovável.

Soma-se, ainda, a constatação de que a demora excessiva já arraigada na prestação jurisdicional trabalhista, suportada quase que exclusivamente pelo autor, também constitui mais um forte aliado para quem descumpre normas jurídicas. Pautados na relação *custo-benefício*, os empregadores brasileiros, sob o ponto de vista estritamente econômico, consideram correta a prática de sonegar direitos trabalhistas. Nesse mesmo sentido, é lapidar a lição de Antônio Álvares da Silva:

---

(5) SILVA, Antônio Álvares da. A desjuridicização dos conflitos trabalhistas e o futuro da Justiça do Trabalho no Brasil. In: TEIXEIRA, Sálvio de Figueiredo (Coord.). *As garantias do cidadão na justiça*. São Paulo: Saraiva, 1993. p. 256-257.

A crise do Judiciário é um incentivo ao descumprimento dos pactos e das leis. A consequência entre os privados é o incentivo ao descumprimento das obrigações, obtendo-se vantagens pessoais ao contrário, isto é, não pela realização da conduta positiva, esperada e convencionada, mas pela vantagem ilícita de seu descumprimento.

Não pagar, não prestar, não cumprir passam a ser regras imperantes na sociedade, subvertendo-se as expectativas de conduta que, acobertadas pela demora da prestação jurisdicional, instituem a mentalidade negativa de que agir ao contrário da obrigação prometida é muito melhor do que cumpri-la. A partir daqui a moralidade e a má-fé passam a ser a tônica da sociedade, agravando-se os males do subdesenvolvimento e atraso.[6]

As ideias até aqui desenvolvidas levam à inevitável conclusão de que o grande problema do Direito do Trabalho a ser enfrentado por seus operadores consiste em conferir efetividade à prestação jurisdicional trabalhista. Nessa perspectiva, a franca utilização de determinados mecanismos processuais, concebidos especialmente para tornar economicamente desvantajoso o descumprimento da legislação e para que a tutela seja concedida de modo mais célere e eficaz, pode representar uma significativa contribuição para desestimular essa "cultura do inadimplemento", fazendo com que as normas materiais trabalhistas possam alcançar a sua plena eficácia social.

Enquanto descumprir for a opção economicamente mais vantajosa para os empregadores e a demora na prestação jurisdicional significar mais um prejuízo para o autor que tem razão, o direito material do trabalho continuará tendo a sua eficácia negada para milhões de brasileiros. De outro norte, quanto mais eficaz for a jurisdição, menos ela terá que ser acionada, vez que os destinatários da normas perceberão que, por absoluta falta de alternativa, o melhor será cumprir a obrigação jurídica. Se o ordenamento jurídico não é cumprido espontaneamente pelos seus destinatários, cabe ao Poder Judiciário assumir um papel mais ativo em relação à sua concretização, impondo as novas "regras do jogo" para corrigir esse grave problema social.[7]

1.2. O caráter instrumental do processo

A evolução da ciência processual pode ser dividida em três fases distintas: sincretista, autonomista e instrumentalista.

Até meados do século XIX, o direito processual não era reconhecido como ciência autônoma. A fase do sincretismo jurídico foi caracterizada pela absoluta confusão entre os planos substancial e processual do ordenamento estatal. A clara confluência entre os dois grandes planos da ordem jurídica podia ser facilmente

---
(6) SILVA, Antônio Álvares da. *As garantias do cidadão na justiça*, p. 258.
(7) PIMENTA, José Roberto Freire. Tutelas de urgência no processo do trabalho: o potencial transformador das relações trabalhistas das reformas do CPC brasileiro. In: PIMENTA, José Roberto Freire *et al* (Coord.). *Direito do trabalho*: evolução, crise, perspectivas. São Paulo: LTr, 2004. p. 342.

detectada pela análise do tradicional conceito civilista de ação, que era tratada como um aspecto do direito material, ou consequência da violação de uma regra substancial. O mesmo vício era percebido na tratativa de outros institutos processuais, tais como a jurisdição, a defesa e o processo. Sobre essa primeira fase do direito processual, é lapidar a lição de Cândido Rangel Dinamarco:

> Tinha-se, até então a remansosa tranquilidade de uma visão *plana do ordenamento jurídico*, onde a ação era definida como o direito subjetivo lesado (ou: o resultado da lesão ao direito subjetivo), a jurisdição como sistema de tutela aos direitos, o processo como mera sucessão de atos (procedimento); incluíam a ação no sistema de exercício dos direitos (*jus quod sihi debeatur, judicio persequendi*) e o processo era tido como conjunto de formas para esse exercício, sob a condução pouco participativa do juiz. Era o campo mais aberto, como se sabe, à prevalência do princípio dispositivo e o da plena disponibilidade das situações jurídico-processuais –, que são direitos descendentes jurídicos do liberalismo político então vigorante (*laissez faire, laissez passer et le monde va de lui même*).[8]

Em 1856, a partir da famosa e polêmica discussão a respeito da *actio* romana entre dois juristas alemães[9], Bernhard Windscheid e Theodor Muther, foi possível estabelecer o conceito moderno de ação, destacando-se a sua independência com relação ao direito material, como um direito autônomo de recorrer à tutela jurisdicional do Estado.

Em 1868, com a publicação da obra de Oskar von Bulow sobre a teoria das exceções e pressupostos processuais, demonstrou-se a autonomia entre a relação processual e a material, o que permitiu a racionalização e desenvolvimento da ideia de relação jurídica processual e sua configuração tríplice.[10]

Esses foram os dois grandes marcos de nascimento do direito processual como verdadeira ciência autônoma. Chega-se ao momento da fase autonomista do direito processual, significando um grande avanço comparado à fase precedente do sincretismo jurídico. A partir daí, o direito processual experimentou uma franca renovação de seus institutos, buscando-se a completa abstração do direito processual com relação ao direito material, tudo para possibilitar a sua afirmação como um ramo do conhecimento dotado de objeto próprio, premissas metodológicas e estrutura sistematizada.

Ocorre que a necessidade de consolidar o direito processual como ciência autônoma acabou por produzir o seu isolamento, excessivo e indesejado, do direito substancial. Os processualistas se preocuparam demasiadamente com a formulação de conceitos abstratos, classificações e categorias, sem, no entanto, perceber que o

---

(8) DINAMARCO. *A instrumentalidade do processo*, p. 18.
(9) Sobre as duas posições, ver, entre outros, BEDAQUE, José Roberto dos Santos. *Direito e processo*. 5. ed. rev. e ampl. São Paulo: Malheiros, 2009, p. 28-29; DINAMARCO. *A instrumentalidade do processo*, p. 18.
(10) DINAMARCO. *A instrumentalidade do processo*, p. 19.

processo se distanciava perigosamente da realidade social e da sua primordial vocação, que é a de servir de instrumento à plena efetivação dos direitos. Nessa mesma ordem de ideias, é incisivo o magistério de Luiz Guilherme Marinoni:

> [...] não é possível ignorar que a escola sistemática, em sua ânsia de redescobrir o valor do processo e de dar contornos científicos ao direito processual civil, *acabou excedendo-se em sua missão. A intenção de depurar o processo civil de sua contaminação pelo direito substancial, a ele imposta pela tradição jurídica do século XIX, levou a doutrina chiovendiana a erguer as bases de um "direito processual civil" completamente despreocupado com o direito material.* (Grifos do autor) citado em nota de rodapé.[11]

Sob essa perspectiva crítica ao "processualismo" exagerado, chegou-se à terceira fase da evolução do direito processual, que a autorizada doutrina identifica como *instrumentalista*. Sendo certo que a fase autonomista proporcionou um nível de maturidade à ciência processual mais do que satisfatório, estabelecendo uma sólida conceituação de seus institutos fundamentais, a atual postura instrumentalista exige que o processualista abandone as meras preocupações endoprocessuais, destituídas de qualquer caráter teleológico, e volte-se para os graves problemas sociais que se passam fora do processo.

Ao invés de enfatizar o conceitualismo e as abstrações dogmáticas, busca-se hoje a *instrumentalidade do processo*, de forma a resgatar a principal função do direito processual, que é garantir a concreta realização do direito material, sobretudo quando o destinatário da norma substancial não se subordina espontaneamente ao comando dela emergente.

Após um distanciamento excessivo entre o direito material e o direito processual, chegou o momento de reconhecer a intensa relação entre esses dois planos do ordenamento jurídico. Pretende-se adotar o caminho inverso do percorrido pela fase autonomista, relativizando-se o binômio direito-processo. Nesse mesmo sentido manifesta-se Cândido Rangel Dinamarco, com absoluta propriedade:

> [...] é preciso também compreender que não é tão grande como se pensou a distância entre o processo e o direito e que o primeiro, tocado pelos ventos da instrumentalidade bem compreendida, acaba por afeiçoar-se às exigências deste; além disso, a participação do processo na vida dos direitos, às vezes muito intensa ou até mesmo indispensável (*v.g.* o direito à anulação de casamento ou o *jus punitionis* do Estado), mostra que do reconhecimento da autonomia do direito processual não se deve extrair pressurosamente a falsa ideia de seu isolamento. O processo e o direito completam-se e a boa compreensão de um exige o suficiente conhecimento do outro. É inerente à proposta mudança de mentalidade essa visão acentuadamente instrumentalista, com superação das atividades muito próprias à fase "autonomista"

---

(11) MARINONI, Luiz Guilherme. *Técnica processual e tutela de direitos*. 2. ed. rev. e atual. São Paulo: Revista dos Tribunais. 2008. p. 43.

do direito processual, ora em vias de extinção. É indispensável, agora, relativizar o binômio direito-processo, para a libertação de velhos preconceitos formalistas e para que do processo se possam extrair melhores proveitos.[12]

Cumpre destacar que, conforme já demonstrado, a ineficiência do processo em tutelar de forma célere e efetiva os direitos proclamados pela ordem jurídica pode produzir graves problemas sociais. Trata-se do esvaziamento do objeto do Poder Judiciário; ou seja, sua incapacidade de decidir com eficiência e presteza os conflitos intersubjetivos de interesses que lhe são submetidos. São esses sintomas externos do processo que devem servir de fonte de inspiração para as reflexões do processualista moderno. Já não basta a visão puramente interna do processo, voltada para o aprimoramento de conceitos e abstrações dogmáticas, muito distante e insensível à realidade que se passa fora do processo. A nova perspectiva instrumental exige que o processualista esteja comprometido com os resultados que o processo deve proporcionar para os cidadãos, que são os verdadeiros detentores do direito à tutela jurisdicional.

Ademais, a partir do momento em que se aceita o caráter instrumental do processo, torna-se imprescindível uma ampla revisitação de seus institutos fundamentais, de modo a adaptá-los às necessidades verificadas externamente. Isso não significa, obviamente, a negação dos avanços e conquistas verificados na fase autonomista do processo, mas sim o reconhecimento de que o direito processual foi primordialmente concebido como instrumento de efetivação do direito material e que a reaproximação de ambos não prejudica a autonomia da ciência processual.

1.3. Garantia constitucional da ação e efetividade da tutela jurisdicional

A vida em sociedade pressupõe a existência de relações de diversas naturezas e espécies entre os seus componentes. O Estado, com o objetivo de conferir segurança para algumas dessas relações, estabeleceu um conjunto de normas abstratas de conduta, cuja observância vincula indistintamente todos os integrantes da dinâmica social.

Ocorre que, quando uma dessas relações regulada pelo legislador se torna litigiosa e as regras de conduta editadas pelo Estado não são cumpridas espontaneamente por seus destinatários, surge a necessidade imperiosa do deslinde desta situação de conflito social, afirmando-se e aplicando-se o direito a todos imposto.

Cumpre observar que o Estado, ao investir-se na função julgadora, retirando do cidadão a possibilidade de autotutela de direitos, assumiu também a obrigação de garantir que as normas de direito material proclamadas pelo ordenamento jurídico fossem realmente efetivas – ou seja, cumpridas e aplicadas concretamente pelos seus destinatários.

---

(12) DINAMARCO. *A instrumentalidade do processo*, p. 332-333.

Logo, para que o Estado possa exercer o monopólio da administração da justiça, solucionando as contendas proporcionadas pelos conflitos de interesse, é imprescindível que conceda a todos o direito de levar suas pretensões à apreciação do órgão jurisdicional.[13]

É por essas e outras razões que a garantia constitucional do direito de ação, também conhecida como garantia constitucional do direito de acesso à atividade jurisdicional do Estado, é expressamente prevista pela grande maioria dos textos constitucionais, sendo intrínseco à própria noção de Estado de Direito.

No caso brasileiro, tal garantia foi consagrada pela Constituição da República em seu art. 5º, inciso XXXV, possibilitando a todos aqueles que sofrerem uma lesão ou estiverem com os seus direitos ameaçados recorrer ao Estado, o qual exercerá de forma exclusiva e inafastável o controle jurisdicional do império de suas normas.

A função do Estado de prestar jurisdição é considerada pela ampla maioria da doutrina como a mais fundamental das obrigações estatais[14], vez que indispensável para se alcançar a afirmação e a satisfação dos direitos normativamente reconhecidos.

A respeito do direito fundamental à jurisdição e a sua essencial utilidade para a sociedade, é lapidar o ensinamento da constitucionalista mineira e atual ministra do STF Cármen Lúcia Antunes Rocha, nos seguintes termos:

> Jurisdição é direito-garantia sem o qual nenhum dos direitos, reconhecidos e declarados ou constituídos pela Lei Magna ou por outro documento legal, tem exercício assegurado e lesão ou ameaça desfeita eficazmente.
>
> [...] O direito à jurisdição, ao garantir todos os direitos, especialmente aqueles considerados fundamentais, confere a segurança jurídica mais eficaz ao indivíduo e cidadão, gerando, paralelamente, a permanente preocupação dos eventuais titulares de cargos públicos com a sociedade e com os limites legais a que se encontram sujeitos.[15]

Em um contexto caracterizado pelo grande volume de processos e pela própria complexidade crescente das causas submetidas ao exame dos magistrados, tornou-se imprescindível reconhecer que o direito constitucional de ação não assegura apenas o mero acesso aos Tribunais, mas também, e principalmente, uma prestação jurisdicional adequada, tempestiva e eficaz.

---

(13) SPADONI, Joaquim Felipe. *Ação inibitória*: a ação preventiva prevista no art. 461 do CPC. 2. ed. rev. e atual. São Paulo: Revista dos Tribunais, 2007. p. 22.
(14) Nesse sentido, Cappelletti e Garth observam que "o direito de acesso à justiça tem sido progressivamente reconhecido como sendo de importância capital entre os novos direitos individuais e sociais, uma vez que a titularidade de direitos é destituída de sentido, na ausência de mecanismos para sua efetiva reivindicação. O acesso à justiça pode, portanto, ser encarado como requisito fundamental – o mais básico dos direitos humanos – de um sistema jurídico moderno e igualitário que pretenda garantir, e não apenas proclamar os direitos de todos" (CAPPELLETTI, Mauro; GARTH, Bryant. *Acesso à justiça*. Tradução e revisão de Ellen Gracie Northfleet. Porto Alegre: Sérgio Antônio Fabris, 1988. p. 11-12).
(15) ROCHA, Cármen Lúcia Antunes. O direito constitucional à jurisdição. In: TEIXEIRA, Sálvio de Figueiredo (Coord.). *As garantias do cidadão na justiça*. São Paulo: Saraiva, 1993. p. 42-43.

Segundo os ensinamentos de Luiz Rodrigues Wambier e Teresa Arruda Alvim Wambier, quando se fala em direito de acesso à justiça, o que se quer dizer é "direito de acesso à efetiva tutela jurisdicional"[16]; ou seja, o direito à obtenção de provimentos que sejam realmente capazes de promover, nos planos jurídico e empírico, as alterações requeridas pelas partes e garantidas pelo sistema.

Exatamente no mesmo sentido é a conclusão do ilustre professor da PUC-Minas e Ministro do TST José Roberto Freire Pimenta:

> Em outras palavras, o direito constitucional à tutela jurisdicional e ao devido processo legal deixou de ser visto apenas, sob a ótica estritamente do demandado, como o "direito à segurança jurídica", para ser considerado, agora também sob a ótica do autor, como o "direito à efetividade da jurisdição", que assegura a todo indivíduo (que está legalmente impedido de fazer justiça por suas próprias mãos) não só a possibilidade teórica e meramente formal de provocar a atividade jurisdicional para vindicar bem da vida de que se considera titular mas, especialmente, meios expeditos e eficazes de obter do Estado-juiz a rápida apreciação de sua demanda e também a concretização fática de sua eventual vitória.[17]

Sabe-se que o acesso à Justiça constitui uma grande preocupação da processualística moderna que, sob a perspectiva da instrumentalidade do processo, destaca a necessidade de a prestação jurisdicional estar comprometida com a sua aptidão em produzir os resultados almejados pela sociedade. Trata-se da dimensão atual de uma inquietação que não é verdadeiramente nova, traduzida na clássica lição de Giuseppe Chiovenda: "o processo deve dar, quanto for possível praticamente, a quem tenha um direito, tudo aquilo e exatamente aquilo que ele tenha direito de conseguir".[18] Dessa forma, a tutela jurisdicional que o Estado está obrigado a prestar deverá ser dotada de efetividade, produzindo os mesmos resultados (ou, caso não seja possível, um resultado ao menos equivalente) que o titular do direito teria obtido pelo respeito espontâneo e tempestivo da lei pelo obrigado.

Com efeito, o direito constitucional de ação não se limita a assegurar, formalmente, o mero acesso à atividade jurisdicional do Estado. Exige-se também uma resposta qualificada do Estado-juiz para as controvérsias sociais que lhe são submetidas. Ou seja, uma "tutela efetiva contra qualquer forma de denegação da justiça"[19], sob pena de a jurisdição não cumprir a sua principal função: servir de instrumento para que os cidadãos busquem a afirmação dos direitos proclamados pelo ordenamento jurídico.

---

(16) WAMBIER, Luiz Rodrigues; WAMBIER, Teresa Arruda Alvim. Anotações sobre a efetividade do processo. In: *Revista dos Tribunais*, São Paulo: Revista dos Tribunais, v. 92, n. 814, p. 63-70, ago. 2003.
(17) PIMENTA, José Roberto Freire. Tutela específica e antecipada das obrigações de fazer e não fazer no processo do trabalho. Cominação de prisão pelo Juízo do Trabalho em caso de descumprimento do comando judicial. In: *Revista do TRT-3ª Região*, v. 57, p. 117-149, jul./dez. 1997, p. 118.
(18) CHIOVENDA, Giuseppe. *Instituições de direito processual civil*. 2. ed. Campinas: Bookseller, 2000. v. I, p. 67.
(19) GRINOVER, Ada Pellegrini. Ética, abuso do processo e resistência às ordens judiciárias: o contempt of court. In: *Revista de processo*, São Paulo, Revista dos Tribunais, v. 28, n. 110, p. 218-227, abr. 2003, p. 220.

Mauro Cappelletti e Bryant Garth, ao discorrerem sobre a garantia constitucional do efetivo acesso à Justiça, destacaram três relevantes aspectos para o exercício pleno deste direito fundamental.[20] O primeiro diz respeito à assistência judiciária gratuita para a parcela hipossuficiente da sociedade, com representação realizada por advogado remunerado pelos cofres públicos, assim como a isenção do pagamento de despesas processuais.

O segundo aspecto refere-se à superação da postura tradicional do processo civil liberal, que entendia ser o processo hábil a defender somente interesses individuais, negando-se espaço para a tutela dos direitos coletivos e difusos inerentes às sociedades de massa contemporâneas. Tal superação permitiu o nascimento de importantes instrumentos processuais, tais como a ação popular, a ação civil pública e o mandado de segurança coletivo, que permitiram a correta representação dos interesses difusos e coletivos da sociedade ou de uma pluralidade de sujeitos específica.[21]

O terceiro e último aspecto se concentra na revisão dos mecanismos processuais e do próprio Poder Judiciário, com o objetivo de buscar expressivo aumento da efetividade da tutela jurisdicional, reconhecendo-se a imprescindível relevância do direito processual para a concretização dos direitos substanciais no plano empírico.

Esse terceiro aspecto trata-se de um novo e abrangente enfoque do acesso à Justiça, que justamente se encontra em curso no Brasil. Com efeito, não existe pleno acesso à Justiça sem uma consequente prestação jurisdicional efetiva que seja capaz de encarar os resultados que dela espera a sociedade, proporcionando-se uma tutela adequada, específica e tempestiva, em estrita concordância com as exigências de um Estado Democrático de Direito.[22]

Portanto, é nessa atual fase do direito processual contemporâneo, caracterizada pela busca prioritária da efetividade da tutela jurisdicional, que assume incontestável relevância a franca utilização dos instrumentos processuais que foram teleologicamente concebidos para proporcionar o aumento da efetividade da prestação jurisdicional, eliminando os graves vazios de tutela observados no cotidiano desse serviço público essencial. É o que agora cumpre examinar de modo mais detalhado.

---

(20) CAPPELLETTI; GARTH. *Acesso à justiça*, p. 31-73.
(21) Sobre a utilização dos instrumentos de tutela metaindividual no âmbito trabalhista, consulte-se a instigante obra coletiva coordenada pelo i. processualista e Ministro do TST, PIMENTA, José Roberto Freire; BARROS, Juliana Augusta Medeiros de; FERNANDES, Nadia Soraggi (Coords.). *Tutela metaindividual trabalhista* – a defesa coletiva dos direitos dos trabalhadores em juízo. São Paulo: LTr, 2009.
(22) Discorrendo sobre a necessidade de o serviço jurisdicional prestado por meio do processo estar em conformidade com os valores consagrados constitucionalmente, Cândido Rangel Dinamarco assevera que o "processualista moderno adquiriu a consciência de que, como instrumento a serviço da ordem constitucional, o processo precisa refletir as bases do regime democrático, nela proclamados; ele é, por assim dizer, o *microcosmos democrático* do Estado-de-direito, com as conotações da liberdade, igualdade e participação (contraditório), em clima de legalidade e responsabilidade" (DINAMARCO. *A instrumentalidade do processo*, p. 27).

2. TUTELAS DE URGÊNCIA, DE EVIDÊNCIA E INIBITÓRIA

2.1. Direito fundamental ao processo sem dilações indevidas

O tempo é um aspecto inerente à prestação jurisdicional. De fato, para o desenvolvimento da atividade cognitiva do julgador é inevitável o dispêndio de um razoável intervalo de tempo para o exame pleno e exauriente dos fatos e direitos alegados pelas partes, ficando, dessa forma, o juiz da causa habilitado a proferir um *juízo de certeza* com vista à solução definitiva do conflito.

O debate acerca da necessidade de evitar que o tempo exigido para o desenvolvimento do processo o transforme em providência inútil para tutelar os direitos dos litigantes constitui tema de grande preocupação da doutrina processual contemporânea. Nesse sentido, cumpre transcrever a advertência do ilustre processualista Luiz Guilherme Marinoni sobre a questão da demora do processo:

> O processualista também tem grande responsabilidade perante a grave questão da demora do processo. Apesar desta afirmação poder soar óbvia, é importante lembrar que parte da doutrina sempre encarou a questão da duração do processo como algo – se não exatamente irrelevante ou incidente – de importância marcadamente secundária, por não ser propriamente "científica". O doutrinador que imagina que a questão da duração do processo é irrelevante e não tem importância científica, não só é alheio ao mundo em que vive, como também não tem a capacidade de perceber que *o tempo do processo é o fundamento dogmático de um dos mais importantes temas do processo civil moderno: o da tutela antecipatória.* (Grifos do autor)

> Como os princípios constitucionais do processo incidem sobre a estrutura técnica do processo *de iure condendo* e *de iure condito*, cabe ao processualista não apenas ler as normas infraconstitucionais à luz dos valores constitucionais, mas também extrair do sistema processual as tutelas adequadas à realização concreta do direito à adequada tutela jurisdicional.[23]

Conforme já registrado, um dos graves sintomas da denominada "crise da Justiça" prende-se a sua incapacidade de dar uma resposta tempestiva às controvérsias sociais que lhe são submetidas. Com efeito, um dos fatores para a falta de efetividade

---
(23) MARINONI, Luiz Guilherme. *Tutela antecipatória, julgamento antecipado e execução imediata da sentença.* São Paulo: Revista dos Tribunais, 1997. p. 17-21, *apud* PIMENTA *et al*, Direito do trabalho:... p. 350.

do processo está ligado ao fator tempo, pois não é raro constatar que a demora do processo acaba por não permitir a tutela efetiva do direito.

Nesse sentido, diante da proibição da autotutela, não é suficiente que o Estado garanta apenas o mero acesso aos Tribunais, mas também, e principalmente, a fruição de uma prestação jurisdicional capaz de evitar que os direitos proclamados pela ordem jurídica sejam consumidos pelo tempo. É o que, igualmente, bem observa Cármen Lúcia Antunes Rocha, discorrendo sobre a eficiência da prestação jurisdicional:

> Não basta, contudo, que se assegure o acesso aos órgãos prestadores de jurisdição para que se tenha por certo que haverá estabelecimento da situação de justiça na hipótese concretamente posta em exame. Para tanto, é necessário que a jurisdição seja prestada – como os demais serviços públicos – com a presteza que a situação impõe. Afinal, às vezes, a justiça que tarda, falha. E falha exatamente porque tarda.
>
> Não se quer a justiça do amanhã. Quer-se a justiça hoje. Logo, a presteza da resposta jurisdicional pleiteada contém-se no próprio conceito do direito--garantia que a jurisdição representa.[24]

De fato, observa-se que é impossível que a prestação jurisdicional seja efetiva sem a correspondente tutela tempestiva dos direitos postos em juízo. É por isso que a autorizada doutrina refere-se ao direito fundamental ao processo sem dilações indevidas como corolário do princípio constitucional da efetividade da prestação jurisdicional.[25]

Cumpre ressaltar que recentemente o direito ao processo sem dilações indevidas foi expressamente garantido pela Constituição da República de 1988, por meio da emenda constitucional n. 45, de 2004, que inseriu o inciso LXXVIII no art. 5º do referido diploma, *in verbis*:

> Art. 5º Todos são iguais perante a lei, sem distinção de qualquer natureza, garantindo--se aos brasileiros e aos estrangeiros residentes no País a inviolabilidade do direito à vida, à liberdade, à igualdade, à segurança e à propriedade nos seguintes termos:
>
> [...]
>
> LXXVIII – a todos, no âmbito judicial e administrativo, são assegurados a razoável duração do processo e os meios que garantam a celeridade de sua tramitação.

Em âmbito supranacional, tal garantia já havia sido prevista pela *Convenção Americana sobre Direitos Humanos*, assinada em São José, Costa Rica, em 22 de novembro de 1969, e posteriormente promulgada pelo Estado brasileiro, por meio do Decreto n. 678, de 6 de novembro de 1992, *in verbis*:

---

(24) ROCHA, Cármen Lúcia Antunes. *As garantias do cidadão na justiça*. São Paulo: Saraiva. p. 37. 1993.
(25) Nesse sentido, consultem-se, entre outros, MARINONI. *Técnica processual e tutela de direitos*, p. 43; PIMENTA. *Revista do TRT-3ª Região*, v. 57, p. 117-118; e ROCHA. *As garantias do cidadão na justiça*, p. 33.

Art. 8º – Garantias Judiciais

1. Toda pessoa tem direito a ser ouvida, com as devidas garantias e dentro de um prazo razoável, por um juiz ou tribunal competente, independente e imparcial, estabelecido anteriormente por lei, na apuração de qualquer acusação penal formulada contra ela, ou para que se determinem seus direitos ou obrigações de natureza civil, trabalhista, fiscal ou de qualquer outra natureza.[26]

Registre-se que a previsão expressa do direito ao processo sem dilações indevidas pela Lei Magna seguiu a tendência de outros vários ordenamentos jurídicos alienígenas que também salvaguardaram esse referido postulado fundamental em seus textos constitucionais, consagrando a salutar relevância do fator tempo para a concretização de uma ordem jurídica justa.

Sobre a questão da duração razoável do processo, o advogado e professor da Universidade de São Paulo José Rogério Cruz e Tucci, ao destacar que o pronunciamento judicial intempestivo é, naturalmente, prejudicial e fonte de inconformismo para os litigantes, acentua que "quanto mais distante da ocasião tecnicamente propícia for proferida a sentença, a respectiva eficácia será proporcionalmente mais fraca e ilusória".[27] Nessa mesma esteira de raciocínio, transcreve-se a seguir a candente lição de Bielsa e Graña, que assim se pronunciam:

> Um julgamento tardio irá perdendo progressivamente seu sentido reparador, na medida em que se postergue o momento do reconhecimento judicial dos direitos; e, transcorrido o tempo razoável para resolver a causa, qualquer solução será, de modo inexorável, injusta, por maior que seja o mérito científico do conteúdo da decisão.
>
> [...]
>
> Em suma, o resultado de um processo não apenas deve outorgar uma satisfação jurídica às partes, como também, para que essa resposta seja a mais plena possível, a decisão final deve ser pronunciada em um *lapso de tempo compatível com a natureza do* objeto *litigioso*, visto que – caso contrário – se tornaria utópica a tutela jurisdicional de qualquer direito. Como já se afirmou, com muita razão, para que a Justiça seja injusta não faz falta que contenha equívoco, basta que não julgue *quando deve julgar*. (Grifos do autor)[28]

A morosidade da prestação jurisdicional representa um grave problema social com efeitos nefastos ao princípio da igualdade. Resgatando-se as sábias palavras do jurista italiano Mauro Cappelletti, "la duración excesiva es fuente de injusticia social, porque el grado de resistencia del pobre es menor que el grado

---

(26) BRASIL. Planalto. Decreto n. 678, de 06 nov. 1992. Disponível em: <http://www.planalto.gov.br/ccivil_03/decreto/D0678.htm>.
(27) TUCCI, José Rogério Cruz e. *Tempo e processo*. São Paulo: Revista dos Tribunais, 1997. p. 65.
(28) BIELSA, Rafael A.; GRAÑA, Eduardo R. El tiempo y el proceso. In: *Revista del Colegio de Abogados de La Plata*, La Plata, 55, p. 189-190, 1994 apud TUCCI. *Tempo e processo*, p. 65.

de resistência del rico; este último, y no el primeiro, puede normalmente esperar sin daño grave uma Justicia lenta".[29]

No cotidiano da atividade jurisdicional trabalhista, é triste constatar que os litigantes "habituais"[30], conscientes dos efeitos de uma decisão judicial intempestiva, já utilizam o fator tempo como um mecanismo de pressão e de redução de custos. Com efeito, não é rara a homologação de acordos judiciais em que a parte hipossuficiente abre mão de significativa parcela de direitos, que inevitavelmente seriam deferidos ao final da demanda, em troca da concessão de uma tutela tempestiva, embora parcial.[31]

Este lamentável quadro foi também constatado pelo eminente processualista paranaense Luiz Guilherme Marinoni:

> Na realidade, a demora do processo é um benefício para o economicamente mais forte, que se torna, no Brasil, um litigante habitual em homenagem à inefetividade da justiça. Basta lembrarmos o que se verifica na Justiça do Trabalho, onde os economicamente mais fortes, desdenhando da justiça, apostam na lentidão da prestação jurisdicional, obrigando aos trabalhadores realizar acordos quase sempre desrazoáveis. Será que alguém ainda acredita que a justiça é efetiva ou inefetiva, ou será ela sempre efetiva para alguns?[32]

Ademais, não se deve esquecer de que o simples fato de o bem jurídico permanecer insatisfeito durante a longa marcha processual já constitui fonte de dano ao autor que tem razão. É o que a doutrina identifica como "dano marginal do processo", causado ou agravado pelo lapso de tempo estritamente necessário para o seu desenvolvimento natural (duração fisiológica do processo).

Existem, ainda, os casos inaceitáveis em que a duração do processo se estende para além do tempo exigido para o seu desenvolvimento normal, geralmente causado pelo emprego de mecanismos ardilosos por um dos litigantes para retardar a atividade jurisdicional (duração patológica do processo).

---

(29) CAPPELLETTI, Mauro. *El proceso como fenómeno social de masa*. Proceso, ideologías, sociedad. Buenos Aires: EJEA, 1974, p. 133-134 apud MARINONI, Luiz Guilherme. *Antecipação da tutela*. 10. ed. rev. atual. e ampl. São Paulo: Revista dos Tribunais, p. 20. 2008.
(30) Para a distinção e aprofundamento dos conceitos de litigantes "habitual" e "eventual", ver, entre outros, CAPPELLETTI; GARTH. *Acesso à justiça*, p. 25-26; PIMENTA, José Roberto Freire. A conciliação judicial na justiça do trabalho após a emenda constitucional n. 24/99: aspectos de direito comparado e o novo papel do juiz do trabalho. In: *Revista LTr*, São Paulo, v. 65, n. 2, p. 151-162, fev. 2001, p. 157-158.
(31) Nessa mesma linha, assevera Nicolò Trocker que a lentidão da prestação jurisdicional "provoca danos econômicos (imobilizando bens e capitais), favorece a especulação e a insolvência, acentua a discriminação entre os que têm a possibilidade de esperar e aqueles que, esperando, tudo têm a perder. Um processo que perdura por longo tempo transforma-se também num cômodo instrumento de ameaça e pressão, uma arma formidável nas mãos dos mais fortes para ditar ao adversário as condições de rendição" (TROCKER, Nicolò. *Processo civile e costituzione*. Problemi di diritto tedesco e italiano. Milano: Giuffrè, 1974, p. 276-277 apud PIMENTA, *Revista do TRT-3ª Região*, v. 57, p. 117).
(32) MARINONI, Luiz Guilherme. *Efetividade do processo e tutela de urgência*. Porto Alegre: Sérgio Antonio Fabris, 1994. p. 64.

Destarte, observa-se que o fator tempo possui um enorme peso e importância para a concretização do princípio constitucional da efetividade da tutela jurisdicional. Realmente, conforme registrado por Luiz Guilherme Marinoni, o tempo "não pode ser considerado *algo neutro ou indiferente* ao autor e ao réu. Se o autor precisa de tempo para receber o bem da vida a que persegue, é lógico que o processo será tanto mais efetivo quanto mais rápido." (Grifos do autor)[33]

Evidentemente, não se quer uma celeridade processual a qualquer custo. Além da observância do princípio da efetividade da prestação jurisdicional, que exige a consecução de uma tutela tempestiva, o processo deverá também guardar concordância com outros princípios constitucionais de igual estatura, tais como o princípio do devido processo legal, o princípio da ampla defesa e o princípio do contraditório. Sem a coordenação e a harmonização de tais princípios o processo não será adequado, fugindo dos parâmetros estabelecidos pelo Estado Democrático de Direito.

Entretanto, registre-se que a partir do momento em que se identifica o fator tempo como um ônus que deverá ser suportado por uma das partes envolvida no litígio, surge a necessidade imperiosa de construir mecanismos processuais que possam distribuí-lo de forma mais equânime para os litigantes.

2.2. A necessidade de construção de procedimentos diferenciados e a técnica de cognição

O Estado Liberal surgiu como uma resposta às enormes desigualdades e arbitrariedades verificadas na Idade Média e na Idade Moderna. Nessa perspectiva, a ideia da igualdade (formal) perante a lei era defendida como uma garantia de liberdade dos cidadãos contra os constantes abusos cometidos pelas classes aristocráticas, dominantes naquele período.

Sendo o direito também um reflexo do contexto socioeconômico e político vivenciado, o ordenamento jurídico liberal tratou de proclamar como valores fundamentais a liberdade e a igualdade formais, proibindo-se o Estado de estabelecer tratamento diverso para distintas classes sociais, tudo em nome do bem máximo a ser garantido: a liberdade do homem (mesmo que ela não fosse concretamente usufruída por todos).

Como todos deveriam ser tratados de forma igual pelo Estado, independentemente da posição social ou de alguma necessidade específica do cidadão, a ideia de uniformização da tutela jurisdicional foi concebida como algo quase que intuitivo. Daí a ideia de um procedimento único, apto a suprir todas as necessidades verificadas no plano do direito material e a atender de forma igualitária diferentes classes sociais.

---

(33) MARINONI. *Técnica processual e tutela de direitos*, p. 143.

De fato, o procedimento ordinário clássico traduz fielmente a essência da igualdade formal, em que o Estado, ignorando a pluralidade de posições sociais e as necessidades específicas dos cidadãos, passa a conceder a todos, indistintamente, a mesma proteção jurisdicional.

Nesse sentido, a adoção da tutela meramente ressarcitória como única resposta a todas as situações, concedida por meio de um procedimento também uniforme, de cognição plena e exauriente, possibilitou a abstração máxima da ciência processual ao que se passava no plano empírico, em que existe uma diversidade de direitos e de necessidades sociais.

Com efeito, transformar qualquer bem jurídico envolvido em um conflito intersubjetivo de interesses em seu equivalente pecuniário é uma excelente maneira de não enxergar as peculiaridades de cada direito substancial e as diferentes posições sociais compreendidas em um litígio. Afinal de contas, nada mais uniforme do que o dinheiro, bem fungível por natureza. Dessa forma, estabelecer que qualquer situação de vantagem prevista pelo legislador resolve-se em perdas e danos é reafirmar a igualdade formal perseguida pelo Estado Liberal, unificando para todos, indistintamente, a forma de proteção dispensada pela atividade jurisdicional.

Nessa mesma linha é o magistério de Luiz Guilherme Marinoni:

> A sanção pecuniária teria a função de "igualizar" os bens e as necessidades, pois, se tudo é igual, inclusive os bens – os quais podem ser transformados em dinheiro –, não existiria motivo para pensar em tutela específica. No direito liberal, os limites impostos pelo ordenamento à autonomia privada são de conteúdo *negativo*, gozando dessa mesma natureza as tutelas pelo equivalente e ressarcitória. (Grifos do autor)
>
> [...]
>
> Sendo o princípio da igualdade formal imprescindível para a manutenção da liberdade e do bom funcionamento do mercado, não há como pensar em uma forma de tutela que tome em consideração determinados interesses socialmente relevantes, ou em uma forma de "tutela jurisdicional diferenciada", a revelar a necessidade de conferir "tratamento diferenciado" a situações e posições sociais diversas.[34]

Registre-se que o Código Napoleão consistiu em um dos mais importantes documentos jurídicos a consagrar a absoluta preferência pela tutela ressarcitória, estabelecendo a intangibilidade da vontade humana em seu art. 1.142, segundo o qual: "Toda obrigação de fazer ou de não fazer se resolve em perdas e danos, no caso de inexecução por parte do devedor".[35] Tal norma, indubitavelmente, ratificou a ideia de liberdade como um dos maiores bens a serem garantidos pelo Estado Liberal.

---

(34) MARINONI. *Técnica processual e tutela de direitos*, p. 47.
(35) "Toute obligation de faire ou de ne pas faire se résout en dommages et intérêts en cas d'inexécution de la part du débiteur".

É importante notar que o que tornava possível a concretização da igualdade formal no direito liberal era a unicidade do tipo de tutela jurisdicional ofertada pelo Estado: tutela ressarcitória. Dessa forma, as necessidades da sociedade eram tratadas do mesmo modo, pouco importando as especificidades do direito material envolvido ou as situações de fragilidade social de seus respectivos titulares. A partir dessa forma de tutela, que refletia perfeitamente a doutrina liberal, é que foram construídas as técnicas de cognição e de execução.[36]

Ocorre que a fase instrumentalista da ciência processual pôs fim à ideia, tão característica da fase autonomista, de abstração do direito processual com relação às situações concretas de direito material. Essa nova visão do fenômeno processual permitiu uma radical mudança de perspectiva, conscientizando-se de que a importância do processo está em sua capacidade de alcançar os resultados que dele espera a sociedade. Destarte, como instrumento de efetivação do direito material, o direito processual deverá estar apto a proporcionar uma tutela adequada às particularidades de distintos direitos substanciais e, especialmente, às necessidades de diferentes posições sociais.

De fato, como o direito material é construído a partir de situações de vida variadas, seria ilógico pensar que uma única espécie de tutela seria capaz de dar uma solução efetiva para distintos direitos substanciais. A pluralidade de situações regidas pelo direito material demanda uma simétrica multiplicidade de tutelas que estejam aptas a promover uma adequada e efetiva prestação jurisdicional.

É intuitivo que um ordenamento jurídico não pode ser considerado efetivo quando somente prevê abstratamente regras de direito substancial. Para se alcançar a almejada efetividade, é estritamente necessário que todas as situações de vantagem impostas pelo legislador sejam tuteladas adequadamente pelo processo, proporcionando ao titular do direito material ameaçado ou lesado a situação mais próxima possível caso houvesse o cumprimento espontâneo da obrigação.

Daí a importância da adoção de procedimentos que estejam aptos a estabelecer tutelas adequadas às necessidades verificadas no plano empírico e que estejam atentos às especificidades do direito substancial envolvido e a possíveis situações de fragilidade social observadas no caso concreto. Como bem observa o eminente processualista José Roberto dos Santos Bedaque, "não parece possível construir o sistema processual dissociado do seu objeto, que nada mais é do que as relações da vida das pessoas, reguladas pelas normas de direito material."[37]

É oportuno registrar que o procedimento ordinário clássico sempre se revelou efetivo para tutelar determinados direitos de cunho patrimonial. Certamente, tal procedimento goza de enorme prestígio para a proteção de direitos que possuem imediata expressão pecuniária, não se observando nesses casos reclamações contundentes quanto a sua inoperância ou inadequação.[38]

---

(36) MARINONI. *Técnica processual e tutela de direitos*, p. 47.
(37) BEDAQUE. *Direito e processo*, p. 76.
(38) Ademais, cumpre ressaltar que, além de o procedimento comum revelar-se efetivo para a tutela de direitos patrimoniais, certos setores da sociedade sempre contaram com o absoluto favorecimento estatal, por servirem-se

Entretanto, a unicidade procedimental provocou o surgimento de graves vazios de tutela no sistema de tutela jurisdicional até então vigente, vez que existem certos direitos substanciais, como os que não possuem uma imediata expressão patrimonial, que não são tutelados de modo efetivo pela técnica do seu ressarcimento pelo correspondente pecuniário.

É evidente que os direitos de finalidade não patrimonial, tais como os direitos fundamentais, não encontram adequada tutela na técnica ressarcitória, implicando esta uma injusta expropriação de direitos. Não cabe transformar em pecúnia aquilo que não tem preço. A simples possibilidade de conversão de tais direitos em perdas e danos está muito aquém das exigências das Constituições modernas, que, fundadas na dignidade do homem e na formação de uma sociedade mais justa, buscam a concretização do princípio da tutela jurisdicional efetiva, almejando evitar as lesões antes mesmo que elas ocorram ou, caso já tenham ocorrido, repará-las plenamente, de forma específica.

Dessa forma, a adoção de formas diferenciadas de tutela, a exemplo da tutela inibitória e específica das obrigações, advém do próprio imperativo constitucional da máxima efetividade da prestação jurisdicional, que deverá proporcionar uma tutela adequada às especificidades do direito material e, principalmente, às necessidades da sociedade.

Existem, ainda, determinadas situações em que a prestação jurisdicional, concedida por meio do procedimento de cognição plena e exauriente, não se demonstra compatível com a natureza do direito afirmado ou de necessidades sociais específicas. Nesses casos, a simples demora fisiológica do processo é suficiente para causar danos irreparáveis ao titular do direito.

Daí a essencialidade de construção de tutelas jurisdicionais diferenciadas capazes de impedir que o tempo necessário para o desenvolvimento normal do processo o transforme em providência inútil. Muitas vezes, são necessárias respostas urgentes, sem as quais a tutela é ineficaz, comprometendo a efetividade da prestação jurisdicional.

Por isso é que se afirma, com acerto, que a tutela antecipatória e a tutela cautelar consistem em fenômenos processuais de raízes nitidamente constitucionais, uma vez que, para que seja plenamente aplicado o princípio da inafastabilidade do controle jurisdicional, é necessário que a tutela prestada seja *efetiva e eficaz*.[39]

---

de procedimentos especiais para a tutela de seus direitos. Nesse sentido, José Roberto Freire Pimenta e Lorena Vasconcelos Porto citam exemplos clássicos das regalias concedidas pelo sistema jurídico brasileiro aos bancos e instituições financeiras, como a antiga possibilidade de prisão civil do devedor nos casos de alienação fiduciária em garantia (que hoje, segundo entendimento recente do STF, encontra-se vedada a prisão civil do "depositário infiel"), além da criação da cédula de crédito bancário por meio de Medida Provisória, que posteriormente foi convertida na Lei n. 10.931/2004, transformando o contrato de abertura de crédito em título executivo extrajudicial (PIMENTA, José Roberto Freire; PORTO, Lorena Vasconcelos. Instrumentalismo substancial e tutela jurisdicional civil e trabalhista: uma abordagem histórico-jurídica. In: *Revista do TRT-3ª Região*, v. 73, p. 85-122, jan./jun. p. 110, 2006.).

(39) PIMENTA; PORTO. *Revista do TRT-3ª Região*, v. 73, p. 118-119.

Ademais, a partir do momento em que se vê o fator tempo como um ônus que deverá ser suportado por uma das partes envolvidas no litígio, surge também a necessidade de construir mecanismos processuais que possam distribuí-lo de maneira mais equânime entre os litigantes. Com efeito, o tempo não constitui uma carga exclusiva do autor.[40]

Nessa perspectiva, as tutelas de urgência e a tutela de evidência se apresentam como técnicas decorrentes dessa moderna visão do direito processual, pois são capazes de promover uma melhor distribuição do ônus do tempo do processo.

Destarte, é salutar que o operador do direito e o estudioso da ciência processual estejam sempre atentos às particularidades observadas no plano jurídico-substancial para determinar a espécie de tutela jurisdicional adequada. Não há como, portanto, separar a técnica processual das diversas situações de direito material verificadas no plano da realidade, muito menos como ignorar posições de fragilidade social. De fato, o critério não pode ser puramente processual, como alguns sustentam.

Registre-se que a necessidade de construir procedimentos diferenciados, com a aptidão de promover a tutela adequada de distintos bens jurídicos e, ainda, de considerar a existência de posições sociais mais frágeis, decorre do pronto atendimento ao princípio da efetividade da tutela jurisdicional, consagrado pela Constituição da República de 1988, em seu art. 5º, inciso XXXV.

Nesse contexto, a técnica da cognição assume incontestável relevância, vez que permite a construção de diferentes tipos de procedimento para a melhor e efetiva tutela de direitos. A partir da correta utilização da técnica da cognição, o operador do direito poderá adequar o processo à natureza do direito substancial envolvido ou à peculiaridade da pretensão a ser tutelada.[41]

Entretanto, antes da análise da combinação das várias modalidades de cognição para a construção de processos com procedimentos diferenciados, é imprescindível verificar quais são as reais necessidades de tutela do direito material do trabalho, definindo as suas especificidades e os principais problemas carentes de proteção.

2.2.1. As características principais do direito material do trabalho

A predisposição de procedimentos diferenciados advém da necessidade de tutelar adequadamente diferentes situações de direito substancial e posições sociais distintas. De fato, se o processo constitui instrumento de efetivação da ordem jurídica justa, ele não pode ficar alheio à pluralidade de situações de direito material, muito menos desprezar a realidade social na qual esses direitos são concretamente usufruídos.

A efetividade do direito material do trabalho, assim como a de outros direitos substanciais, depende fundamentalmente da construção de procedimentos adequados

---
(40) MARINONI. *Antecipação da tutela*, p. 273.
(41) WATANABE, Kazuo. *Da cognição no processo civil*. 3. ed. rev. e atual. São Paulo: Perfil, 2005. p. 40.

à natureza de suas regras, com a capacidade de proporcionar ao titular do direito ameaçado ou lesado a situação fática e jurídica mais próxima possível, caso houvesse o adimplemento espontâneo da norma substancial.

Dessa forma, é oportuno compreender quais são as características essenciais do direito material do trabalho, os seus princípios básicos e as particularidades dos atores sociais envolvidos por suas regras, de forma a estabelecer as principais necessidades de tutela deste ramo jurídico especializado.

Somente após essa prévia constatação é que o operador do direito poderá estabelecer o tipo de tutela adequada ao direito material do trabalho, assim como refletir sobre a real aptidão dos mecanismos processuais disponíveis para promover a tutela efetiva desses direitos.

Vale ressaltar, porém, que não é objetivo deste trabalho discorrer em detalhe sobre a caracterização do direito material do trabalho, a cujo respeito já existe uma grande produção doutrinária, de inegável qualidade. Na perspectiva da reaproximação entre o direito substancial e o processo, pretende-se, apenas, destacar em rápidas pinceladas as principais características do direito material do trabalho.

Como se sabe, o Direito do Trabalho é um ramo jurídico especializado, com características, regras, princípios e institutos próprios, que lhe permitem firmar-se como ciência autônoma. Dentre as suas inúmeras definições doutrinárias, destaca-se a realizada pelo jurista Mauricio Godinho Delgado:

> O Direito do Trabalho, compreendendo o Direito Individual e o Direito Coletivo – e que tende a ser chamado, simplesmente, de *Direito do Trabalho*, no sentido lato –, pode, finalmente, ser definido como: *complexo de princípios, regras, e institutos jurídicos que regulam a relação empregatícia de trabalho e outras relações normativamente especificadas, englobando, também, os institutos, regras e princípios jurídicos concernentes às relações coletivas entre trabalhadores e tomadores de serviços, em especial através de suas associações coletivas.* (Grifos do autor)[42]

Não obstante o Direito do Trabalho também regular outras relações de trabalho legalmente previstas pelo seu complexo normativo, nota-se que a relação empregatícia constitui a sua categoria básica, a partir da qual são concebidos os seus princípios, institutos e regras fundamentais, que, de acordo com Mauricio Godinho Delgado, demarcam sua "característica própria e distintiva perante os ramos jurídicos correlatos."[43]

Dessa forma, pode-se observar que o conteúdo do Direito do Trabalho sofre uma inevitável influência de sua categoria essencial, a relação empregatícia, tendo como sujeito ativo especial o empregado. É por isso que se afirma, com absoluta razão, que "o Direito do Trabalho é, fundamentalmente, o Direito do *empregado*. Não é, porém, o Direito de todos os *trabalhadores*, considerados em seu gênero". (Grifos do autor)[44]

---
(42) DELGADO, Mauricio Godinho. *Curso de direito do trabalho*. 6. ed. São Paulo: LTr, 2007. p. 52.
(43) *Ibidem*, p. 56.
(44) *Idem*.

Sem dúvida, a relação de emprego revela-se como o principal vínculo entre o cidadão que trabalha e o sistema econômico capitalista, razão pela qual o Direito do Trabalho preocupa-se, especialmente, em desenvolver seu conteúdo normativo em torno desse tipo de relação laboral.

Ademais, como qualquer outra área do Direito, o Direito do Trabalho cumpre determinados fins preestabelecidos. Com efeito, a sua razão de ser consiste em realizar certos valores consagrados pela sociedade como essenciais. A realização de tais valores e fins viabiliza-se por meio das funções deste ramo jurídico especializado.

Registre-se que a doutrina brasileira não é uníssona com relação às principais funções do Direito do Trabalho. A título exemplificativo, para a ilustre desembargadora do TRT da 3ª Região Alice Monteiro de Barros as principais funções do Direito do Trabalho seriam: a *tutelar,* a *econômica* e a *conservadora* ou *coordenadora*.[45] Em contrapartida, o ministro do TST Mauricio Godinho Delgado elege como tais: a *de melhoria das condições de pactuação da força de trabalho na ordem socioeconômica;* a *modernizante e progressista, do ponto de vista econômico e social;* a *política conservadora;* e, por fim, a *civilizatória e democrática*.[46] Neste trabalho, por razões metodológicas, adotar-se-á o magistério do autor Mauricio Godinho Delgado.

A função de *melhoria das condições de pactuação da força de trabalho na ordem socioeconômica* traduz o valor finalístico máximo do ramo justrabalhista. Trata-se da função central do Direito do Trabalho, responsável por sua legitimação tanto histórica quanto social. Nesse sentido, é lapidar a lição de Mauricio Godinho Delgado:

> Discorra-se um pouco mais sobre esta função decisiva: é pela norma jurídica trabalhista, interventora no contrato de emprego, que a sociedade capitalista, estruturalmente desigual, consegue realizar certo padrão genérico de justiça social, distribuindo a um número significativo de indivíduos (os empregados), em alguma medida, ganhos do sistema econômico.
>
> À medida que o contrato empregatício desponta como o principal veículo de conexão do indivíduo com a economia, seu ramo jurídico regulador – o Direito do Trabalho – torna-se um dos mais eficientes e genéricos mecanismos de realização de justiça social no sistema capitalista.

Ora, sabe-se que a economia de mercado não visa à procura de equidade, de justiça social, porém à busca da eficiência, da produtividade e do lucro. Neste contexto o Direito do Trabalho tem se afirmado na história como

---

(45) Referindo-se às funções do Direito do Trabalho, assevera esta ilustre autora mineira que "a função de tutela dá-se em relação ao trabalhador, dada a sua condição de hipossuficiente". Ademais, sustenta que "sua função é econômica, tendo em mira a realização de valores; por conseguinte, todas as vantagens atribuídas ao empregado deverão ser precedidas de um suporte econômico". Por fim, assinala que o Direito do Trabalho exerce uma função conservadora ou coordenadora em razão de ser "um meio utilizado pelo Estado para sufocar os movimentos operários reivindicatórios" e para coordenar "os interesses entre capital e trabalho" (BARROS, Alice Monteiro de. *Curso de direito do trabalho*. 3. ed. rev. e ampl. São Paulo: LTr, 2007. p. 96).

(46) DELGADO. *Curso de direito do trabalho*, p. 58-62.

uma racional intervenção da ideia de justiça social, por meio da norma jurídica, no quadro genérico de toda a sociedade e economia capitalista, sem inviabilizar o próprio avanço deste sistema econômico.[47]

Vale lembrar que essa função própria do Direito do Trabalho assume destacado papel na construção do seu núcleo basilar de princípios, estabelecendo como exceção as normas laborais que possam fixar um padrão inferior de direitos para os empregados.

Outra função marcante do ramo justrabalhista é o seu caráter *modernizante e progressista, do ponto de vista econômico e social*. Com efeito, especialmente nos países centrais do capitalismo, o Direito do Trabalho sempre foi responsável por "generalizar ao conjunto do mercado de trabalho aquelas condutas e direitos alcançados pelos trabalhadores nos segmentos mais avançados da economia, impondo, desse modo, condições mais modernas, ágeis e civilizadas de gestão de força de trabalho."[48]

Observa-se, no entanto, que o citado caráter progressista e modernizante não é tão visível na experiência justrabalhista brasileira. Tal fato deve-se, principalmente, à negativa de generalização do Direito do Trabalho no âmbito do mercado laboral do País. Conforme já relatado, se comparado aos dados dos principais países capitalistas, é ínfimo o percentual da população economicamente ativa brasileira abrangida pelo padrão normativo trabalhista. Ou seja, o número de trabalhadores que estão na condição de "empregados" é extremamente baixo em contraponto às diversas formas de precarização das relações de trabalho existentes no Brasil, o que impede a franca generalização da rede de proteção social e de direitos instituídos pelo ramo juslaboral.[49]

A terceira relevante função do Direito do Trabalho trata-se do seu caráter *civilizatório e democrático*. Desde o seu nascimento, este ramo jurídico especializado constituiu um poderoso e eficaz instrumento de inserção do ser humano no sistema socioeconômico, principalmente daqueles que não têm outro meio de gerar riquezas senão por meio do seu próprio labor. Dessa forma, diante de uma sociedade capitalista essencialmente desigual, o Direito do Trabalho destaca-se por ser um dos principais instrumentos de controle e atenuação das distorções próprias desse sistema socioeconômico.[50]

É por isso que a Constituição da República de 1988, já em seu art. 1º, consagra o valor social do trabalho como fundamento imprescindível para a afirmação e o desenvolvimento do Estado Democrático de Direito. Nessa mesma esteira de raciocínio, o seu art. 170 subordina toda a ordem econômica à valorização do trabalho humano, priorizando a busca do pleno emprego como condição *sine qua non* para a existência digna do cidadão. Tais diretrizes constitucionais, inquestionavelmente,

---

(47) DELGADO. *Capitalismo, trabalho e emprego...* p. 122.
(48) DELGADO. *Curso de direito do trabalho*, p. 59.
(49) DELGADO. *Capitalismo, trabalho e emprego...* p. 123.
(50) *Ibidem*, p. 125.

destacam o importante papel do Direito do Trabalho como instrumento de transformação da sociedade contemporânea, com a aptidão de dar suporte a concepções mais igualitárias de gestão do sistema capitalista.

Ao promover a valorização material e moral do indivíduo que trabalha, o ramo justrabalhista possibilita a efetiva inserção social de grande parcela da população, conferindo poder e dignidade a todos aqueles cidadãos destituídos de riqueza. Nessa perspectiva, o Direito do Trabalho é condição inafastável para o exercício da própria cidadania. Ou seja, a sua afirmação social constitui condição essencial para que o Estado Democrático de Direito se realize em toda a sua plenitude.

Por fim, é inegável que o Direito do Trabalho cumpre também uma *função política conservadora*. A respeito desta função, assim expõe Mauricio Godinho Delgado:

> Esta função existe à medida que este segmento normativo especializado confere legitimidade política e cultural à relação de produção básica da sociedade contemporânea. A existência do Direito do Trabalho não deixa de ser, assim, um meio de legitimação cultural e política do capitalismo – porém concretizada em padrão civilizatório mais alto (e não nos moldes do capitalismo sem reciprocidade).[51]

Contudo, cumpre ressaltar que o reconhecimento de tal função não esteriliza as demais funções anteriormente citadas. A grande diferença em se ter o Direito do Trabalho como fonte de legitimação cultural e política do capitalismo é que, assim, esse sistema socioeconômico dominante funciona com parâmetros mínimos de justiça social, distribuindo de modo mais equânime os ganhos do processo produtivo. Em contrapartida, sem o Direito do Trabalho o capitalismo revela com mais facilidade as suas inerentes tendências autofágica e concentradora de renda, aumentando cada vez mais o número de cidadãos excluídos da dinâmica econômica-social.

Ademais, é oportuno lembrar que o conjunto normativo laboral é constituído, em sua grande maioria, por direitos sociais de nítido cunho fundamental (direitos fundamentais de segunda geração), que claramente exercem função não patrimonial (ou pelo menos predominantemente não patrimonial).

Destarte, nota-se que o descumprimento das normas de direito material trabalhista pode não lesar apenas o direito dos empregados de receberem a sua remuneração e demais vantagens pecuniárias asseguradas pela legislação ou pelo contrato de trabalho. Existem outros valores humanos (não meramente econômicos) que podem ser atingidos pela não observância das regras justrabalhistas, tais como a dignidade do trabalhador, a vida, a saúde, a honra, a privacidade, o direito de não ser discriminado e outros valores consagrados constitucionalmente, de inegável relevância política e social.[52]

---
(51) *Ibidem*, p. 126.
(52) PIMENTA. *Direito do trabalho...* p. 378.

O conteúdo e a função não patrimonial dessas situações fazem com que a tutela ressarcitória, concedida por meio da execução forçada que segue o processo de cognição, revele-se totalmente ineficaz, uma vez que proporciona reparação apenas pecuniária. Tais direitos, sob pena de dano irreparável, só admitem sua tutela específica, propiciada mediante a utilização de técnicas processuais com a capacidade de, idealmente, alcançar os mesmos efeitos da observância espontânea da norma de direito material.

Registre-se, ainda, que o Direito Material do Trabalho é rico em obrigações de fazer e de não fazer, que, em razão de sua natureza, exigem o cumprimento específico (ou ao menos o resultado mais próximo possível que se teria com o cumprimento específico), revelando-se excepcional a possibilidade de conversão em perdas e danos. Nessa mesma linha de raciocínio, calha colacionar as brilhantes palavras do advogado e professor da UFPR Eduardo Talamini:

> A preferência pelo resultado específico é inerente à previsão do direito. São excepcionais e diretamente ligadas a valores constitucionais mais relevantes as hipóteses em que a assunção de um dever específico gera apenas direito a ressarcimento (ex.: compromisso de contrair casamento, alguns deveres ligados à criação científica ou artística). Como regra geral, é da essência da imposição de um dever o correlato direito ao exato bem da vida que seria concretizado com o cumprimento adequado e oportuno. Não há o que exclua desse princípio os deveres de fazer e de não fazer.[53]

Ademais, é oportuno lembrar que as normas de direito substancial trabalhista envolvem prestações de nítida índole alimentar (por exemplo, pagar salário), cujo inadimplemento pode afetar diretamente a subsistência do empregado e de sua família. Daí a razão de tais direitos reclamarem uma rápida tutela jurisdicional, visto que a demora na solução do litígio pode provocar danos sérios e irreparáveis à própria sobrevivência do detentor da situação de vantagem estabelecida pela ordem jurídica laboral.

Por fim, cabe acrescentar que o Direito Individual do Trabalho[54], que regula o contrato de emprego, foi todo construído a partir da constatação da existência de uma relação assimétrica entre empregado e empregador, com inquestionáveis diferenças sociais, econômicas e políticas. Nota-se que o empregador age naturalmente como um ser *coletivo*, cujas ações, ainda que limitadas ao âmbito empresarial, possuem a capacidade de promover alterações na comunidade mais ampla. O empregado, em contrapartida, trata-se de um ser *individual*, incapaz de, em regra, produzir isoladamente ações de impacto comunitário.

---

(53) TALAMINI, Eduardo. *Tutela relativa aos deveres de fazer e de não fazer*: e sua extensão aos deveres de entrega de coisa (CPC, arts. 461 e 461-A, CDC, art. 84). 2. ed. rev. atual. e ampl. São Paulo: Revista dos Tribunais, 2003. p. 35-36.
(54) Como se sabe, o Direito Material do Trabalho se divide em um ramo individual (Direito Individual do Trabalho) e um ramo coletivo (Direito Coletivo do Trabalho), cada qual com as suas regras, institutos e princípios próprios.

Com efeito, salta aos olhos a discrepância entre os dois sujeitos da relação jurídica central do Direito Material do Trabalho. Daí a razão de se afirmar que "o contrato de trabalho é o ajuste entre um saco cheio de dinheiro e uma barriga vazia".[55] Essa disparidade de posições no plano fático é responsável pela construção de um Direito Individual do Trabalho amplamente protetivo, "caracterizado por métodos, princípios e regras que buscam reequilibrar, juridicamente, a relação desigual vivenciada na prática cotidiana da relação de emprego".[56]

Destarte, o direito processual não pode ignorar tal realidade fática que se passa no plano substancial, impondo-se a necessidade de construir procedimentos diferenciados, com a aptidão de promover uma tutela jurisdicional adequada à posição de debilidade econômica, social e política em que se encontra o empregado em relação ao empregador, visando estabelecer um mínimo de igualdade jurídica entre eles.

2.2.2. A cognição nos planos vertical e horizontal

A técnica da cognição permite a construção de procedimentos ajustados às reais necessidades de tutela verificadas no plano empírico. A cognição pode ser compreendida em duas direções distintas: no sentido horizontal, relacionada à extensão e à amplitude da cognição; e no sentido vertical, relacionada à profundidade da cognição.

No plano horizontal, assevera o ilustre processualista Kazuo Watanabe que a cognição terá como limite os elementos objetivos do processo (o *trinômio*: questões processuais, condições da ação e mérito; para alguns doutrinadores o *binômio*: questões processuais e mérito, excluindo-se as condições da ação; e para outros autores, como Celso Neves, o *quadrinômio*: pressupostos processuais, supostos processuais, condições da ação e mérito). Nesse plano, a cognição pode ser plena ou parcial, de acordo com a extensão da matéria a ser debatida e conhecida.[57]

No plano vertical, a cognição pode ser exauriente (completa) ou sumária (incompleta), segundo o seu grau de profundidade.

Dessa forma, quando recai sobre todas as questões, a cognição pode ser considerada horizontalmente ilimitada. Contudo, se for apenas superficial, será sumária quanto à profundidade. De outro norte, se não atingir toda a realidade fática, recaindo

---

(55) Esta imagem foi construída pelos autores RIVERO, Jean e SAVATIER, Jean *apud* RENAULT, Luiz Otávio Linhares. Que é isto – o direito do trabalho? In: PIMENTA, José Roberto Freire *et al* (Coord.). *Direito do trabalho*: evolução, crise, perspectivas. São Paulo: LTr, 2004. p. 67.
(56) DELGADO. *Curso de direito do trabalho*, p. 195.
A esse respeito, é oportuno observar que, no conjunto de princípios especiais do Direito do Trabalho, são bem característicos aqueles que buscam atenuar no plano jurídico a patente desigualdade entre o obreiro e o empregador, tais como: o princípio da proteção, o princípio da norma mais favorável, o princípio da condição mais benéfica, o princípio da inalterabilidade contratual lesiva e o princípio da indisponibilidade dos direitos trabalhistas.
(57) WATANABE. *Da cognição no processo civil*, p. 127.

somente sobre determinadas questões, será limitada quanto à extensão. Porém, se esse objeto cognoscível não sofrer limitação quanto à perquirição do juiz, será exauriente com relação à profundidade.[58]

2.2.3. A técnica da cognição plena e exauriente

Como regra geral, a prestação da tutela jurisdicional é realizada por meio de procedimento de cognição plena e exauriente, que corresponde ao procedimento comum do processo de conhecimento, seja ele ordinário ou sumário (este último caracterizado pela simplificação e dinamização do processo ordinário, inclusive pela compressão, no tempo, de suas fases processuais, em nada interferindo na técnica cognitiva a ser utilizada[59]).

A respeito da técnica da cognição plena e exauriente, cumpre destacar o magistério de Kazuo Watanabe:

> Em linha de princípio, pode-se afirmar que a solução definitiva do conflito de interesses é buscada por provimento que se assente em *cognição plena e exauriente*, vale dizer, em procedimento *plenário* quanto à extensão do debate das partes e da cognição do juiz, e *completo* quanto à profundidade dessa cognição. Decisão proferida com base em semelhante cognição propicia um juízo com índice de segurança maior quanto à certeza do direito controvertido, de sorte que a ela o Estado confere a autoridade de coisa julgada. (Grifos do autor)[60]

Tal modalidade de cognição está apta a produzir a certeza jurídica e os efeitos da coisa julgada material. Ademais, como não há nenhuma limitação quanto à profundidade e à extensão das questões a serem debatidas pelos litigantes, pode-se dizer que a técnica de cognição plena e exauriente "garante a realização plena do princípio do contraditório, ou seja, não permite a postecipação da busca da verdade e da certeza."[61]

Ocorre que, como já sublinhado, o tempo necessário para o desenvolvimento natural dessa espécie de cognição pode não ser compatível com a natureza do direito material envolvido no litígio ou com outras particularidades verificadas no caso concreto (por exemplo, uma posição de fragilidade econômica, social ou política).

Nesse contexto, a combinação de várias modalidades de cognição para a concepção de procedimentos diferenciados representa um considerável salto de qualidade para a prestação da tutela jurisdicional, uma vez que permite a sua adequação às especificidades do direito material afirmado e às reais necessidades dos litigantes.

---

(58) WATANABE. *Da cognição no processo civil*, p. 128-129.
(59) Do qual é típico exemplo o procedimento sumaríssimo trabalhista, instituído pela Lei n. 9.957, de 12 jan. 2000, que incluiu na CLT os arts. 852-A a 852-I.
(60) WATANABE. *Da cognição no processo civil*, p. 129-130.
(61) MARINONI. *Antecipação da tutela*, p. 33.

Destarte, para a correta combinação das modalidades de cognição importa, a seguir, analisar as demais técnicas cognitivas compreendidas nos planos horizontal e vertical.

2.2.4. A técnica da cognição parcial

De acordo com o autor paranaense Luiz Guilherme Marinoni, a restrição da cognição no sentido horizontal ocorre, basicamente, de duas maneiras: fixando o objeto litigioso; ou restringindo a defesa a certos lindes.[62] Nota-se, portanto, que a característica essencial da técnica da cognição parcial está focada na limitação a respeito da amplitude das questões a serem debatidas no processo.

Essa modalidade de cognição permite a construção de procedimentos capazes de excluir certas questões que dizem respeito à situação litigiosa, transferindo a sua discussão e solução para outros procedimentos. Dessa forma, a cognição encetada pelo juiz não poderá versar sobre essas questões ressalvadas. Nem mesmo as partes poderão levantar controvérsia a respeito delas, resguardado, porém, o direito de fazê-lo em ação própria.

Cumpre observar que essas limitações são impostas pelo legislador em decorrência da natureza do direito material ou da peculiaridade da pretensão a ser tutelada, com o objetivo de tornar o processo mais célere. Como explica Luiz Guilherme Marinoni, tal técnica não pode ser analisada deslocada do plano do direito material, destacando-se que:

> [...] através dessa perspectiva, aliás, é possível a investigação do conteúdo ideológico dos procedimentos. Para que se possa compreender a relação entre a cognição parcial e a ideologia dos procedimentos, cabe observar que o procedimento de cognição parcial privilegia os valores de certeza e celeridade – ao permitir o surgimento de uma sentença com força de coisa julgada material em um tempo inferior àquele que seria necessário ao exame de toda a extensão da situação litigiosa –, mas deixa de lado o valor da "justiça material". O que se deve verificar, portanto, em cada hipótese específica, é a quem interessa a limitação da cognição no sentido horizontal, ou, em outros termos, a tutela jurisdicional célere e imunizada pela coisa julgada material em detrimento da cognição das exceções reservadas.[63]

Nesse sentido, não se pode ignorar que a técnica da cognição parcial já foi também utilizada em procedimentos especiais de duvidosa legalidade, como o caso da busca e apreensão do Decreto-lei n. 911, de 1º de outubro de 1969, que estabelece normas de processo sobre alienação fiduciária. Tal Decreto-lei, antes da sua recente alteração promovida pela Lei n. 10.931/2004, previa que a contestação só poderia versar sobre o pagamento do débito vencido ou o cumprimento das obrigações contratuais (art. 3º, § 2º), conferindo celeridade ao procedimento em troca de uma clara restrição do direito de defesa do réu, sem, no entanto, justificação constitucional à altura.

---

(62) *Ibidem*, p. 29.
(63) *Ibidem*, p. 30.

Sabiamente, o legislador, por meio da Lei n. 10.931/2004, suprimiu todos os parágrafos do art. 3º do Decreto-lei n. 911/69, acrescentando, entre outros, o seguinte parágrafo ao citado art.: "O devedor fiduciante apresentará resposta no prazo de cinco dias da execução da liminar". Nota-se que esse parágrafo não estabelece nenhuma limitação ao direito de defesa do réu, desaparecendo a ilegítima restrição outrora estabelecida.

De fato, a utilização da técnica da cognição parcial revela inquestionáveis dificuldades práticas, notadamente devido ao claro conflito entre exigências diametralmente opostas: a celeridade da prestação jurisdicional e a segurança jurídica. Sobre tais aspectos, é lapidar a conclusão do processualista Kazuo Watanabe:

> Cabe deixar anotado, aqui, que as limitações ao direito do contraditório e, por via de consequência, da cognição do juiz, sejam estabelecidas em lei processual ou em lei material, se impossibilitam a efetiva tutela jurisdicional do direito contra qualquer forma de denegação da justiça, ferem o princípio da inafastabilidade do controle jurisdicional e por isso são inconstitucionais (ofensa ao inciso XXXV da Constituição Federal de 1988; na Constituição anterior, art. 153, § 4º).[64]

Porém, é oportuno ressaltar que, não obstante a utilização da cognição parcial implicar potenciais riscos, o operador do direito não pode prescindir do uso dessa moderna técnica processual (frise-se, de suma importância para o incremento da efetividade da tutela jurisdicional) em razão do simples receio desses riscos. Lembre-se que as matérias não debatidas e conhecidas no processo regido pela cognição parcial podem ser posteriormente questionadas em ação autônoma. Ademais, para a correção dos possíveis abusos e desacertos existe também um célere e efetivo sistema de recursos à disposição da parte que se sentir lesada.

2.2.5. A técnica da cognição sumária

A técnica da cognição sumária é concebida por meio da limitação da cognição no sentido vertical, conduzindo a um juízo de probabilidade e verossimilhança ou a decisões pautadas em um convencimento de verossimilhança.

Luiz Guilherme Marinoni, ao discorrer sobre tal modalidade cognitiva, brilhantemente aponta, ainda que de modo esquemático, os principais objetivos cumpridos pelas tutelas de cognição sumária:

(a) assegurar a viabilidade da realização de um direito (tutela cautelar);

(b) realizar, em vista de uma situação, antecipadamente um direito (tutela antecipatória fundada no art. 273, I, do CPC);

(c) realizar, em razão das peculiaridades de um direito e em vista da demora do procedimento ordinário, antecipadamente um direito (liminares de determinados procedimentos especiais);

---

(64) WATANABE. *Da cognição no processo civil*, p. 135.

(d) realizar, quando o direito do autor surge como evidente e a defesa é exercida de modo abusivo, antecipadamente um direito (tutela antecipatória fundada no art. 273, II, do CPC).[65]

É oportuno salientar que, com relação à cognição sumária, a doutrina não é uníssona quanto às terminologias adequadas e ao significado de cada uma delas. Ademais, observa-se que a sumarização da cognição pode ter diferentes graus, sendo que também sobre este aspecto os magistérios não se revelam unívocos. Nesse sentido, cabe aqui transcrever o ensinamento de Hernando Devis Echandia, para o qual:

> [...] es más correcto hablar de credibilidad que de possibilidad o de verosimilitud, y que "verosímil no es lo que puede ser verdad real, sino lo que tiene apariencia de serlo, no lo que se nos presente simplemente como posible, sino lo que, por razones más o menos determinadas, nos inclinamos a creer que es real"; por lo cual hace coincidir la verosimilitud con el primer grado de la probabilidad, que tienes três: lo verosimil, lo probable y lo probabilísimo.[66]

Em contrapartida, o mestre italiano Calamandrei, adotando as terminologias *possibilidade, verossimilhança* e *probabilidade*, assevera que "*possível* é o que pode ser verdadeiro, *verossímil* é o que tem aparência de ser verdadeiro e *provável* é o que se pode provar como verdadeiro." E complementa, com invejável propriedade:

> [...] quem diz que um fato é *verossímil*, está mais próximo a reconhecê-lo verdadeiro do quem se limita a dizer que é *possível*; e quem diz que é *provável*, está mais avançado do quem diz que é *verossímil*, já que vai mais além da aparência e começa a admitir que há argumentos para fazer crer que a aparência corresponde à realidade. Trata-se, porém, de matizes psicológicas que cada juiz entende a seu modo.[67]

A despeito da multiplicidade de terminologias utilizadas pela literatura especializada, o ordenamento jurídico pátrio adota, essencialmente, as terminologias *verossimilhança* (art. 273 do CPC) e *verossímil* (art. 6º, inciso VIII, do CDC), com o sentido de alta probabilidade de ser verdadeiro, e não no sentido de baixa probabilidade.

Destarte, dentre as terminologias impostas pela doutrina, pode-se afirmar que as sugeridas pelo jurista italiano Calamandrei são as que se amoldam com mais perfeição ao Direito brasileiro.

A tutela concedida por meio da técnica da cognição sumária, por ser fundada em um juízo de verossimilhança, não tem o condão de produzir coisa julgada

---

(65) MARINONI. *Antecipação da tutela*, p. 32-33.
(66) ECHANDIA, Hernando Devis. *Teoria general de la prueba judicial*. 3. ed. t. 1, n. 87. Buenos Aires: 1974, p. 317 apud WATANABE. *Da cognição no processo civil*, p. 146.
(67) CALAMANDREI, Piero. *Verdad y verosimilitud em el proceso civil*. Estudios sobre el proceso civil. Tradução de Sentís Melendo. Buenos Aires: EJEA, 1962, p. 325-326 apud WATANABE. *Da cognição no processo civil*, p. 147-148.

material.[68] De fato, quando concede a tutela sumária o julgador apenas afirma a probabilidade do direito existir, nada impedindo que, após uma cognição mais aprofundada, declare sua inexistência.

Registre-se que, para a concessão da tutela jurisdicional por meio da técnica da cognição sumária, não existe um grau de probabilidade uniforme para todas as situações litigiosas. Tratando-se a cognição de uma atividade essencialmente intelectual, cabe unicamente ao julgador, de acordo com as peculiaridades do caso concreto, definir se as provas e as alegações produzidas pela parte são suficientes para formar o seu convencimento a respeito da concessão da tutela sumária.

Nessa mesma ordem de ideias, Kazuo Watanabe, discorrendo sobre os diferentes graus de probabilidade existentes na cognição sumária, assim se pronuncia:

> Deve haver adequação da intensidade do juízo de probabilidade ao momento procedimental da avaliação, à natureza do direito alegado, à espécie dos fatos afirmados, à natureza do provimento a ser concedido, enfim, à especificidade do caso concreto. Em razão da função que cumpre a cognição sumária, mero instrumento para a tutela de um direito, e não para a declaração de sua certeza, o grau máximo de probabilidade é excessivo, inoportuno e inútil ao fim que se destina.[69]

Daí a razão de se afirmar que, para que tal técnica processual seja aplicada de forma escorreita, é imprescindível o seu alinhamento não só com o direito material envolvido, mas também com outras necessidades de tutela verificadas no caso concreto, o que denota a inafastável interação entre os planos do direito substancial e do direito processual.

Ademais, a partir da constatação da existência de posições de fragilidade social, assim como de direitos e pretensões materiais que, por sua natureza, reclamam uma proteção estatal imediata, sob pena de dano irreparável, urge reconhecer a fundamental importância da cognição sumária como técnica de construção de procedimentos diferenciados que permitem que a tutela jurisdicional seja prestada de maneira célere e efetiva. Nessa mesma esteira de raciocínio, é conclusivo o magistério de Kazuo Watanabe:

---

(68) A ordem jurídica processual atribui somente aos procedimentos de cognição exauriente a capacidade de produzir coisa julgada material. Entretanto, a respeito do assunto, cumpre noticiar que tramitou no Senado Federal o Projeto de Lei n. 186/2005 propondo a modificação dos §§ 4º e 5º do art. 273 do CPC e a criação dos arts. 273-A, 273-B, 273-C e 273-D, para compor o CPC com o intuito de permitir a estabilização da tutela antecipada. Tal proposta procurava, em síntese, tornar definitivo e suficiente o comando estabelecido por ocasião da decisão antecipatória. Dessa forma, o CPC inauguraria a possibilidade de uma decisão derivada de uma convicção de verossimilhança, concedida por meio de um procedimento de cognição sumária, adquirir força de coisa julgada material, provocando a revisão de dogmas intocáveis do processo civil. O referido projeto de lei foi arquivado pelo Senado em 22 jan. de 2007. Todavia, encontra-se atualmente em debate pelos membros do IBDP (Instituto Brasileiro de Direito Processual) um anteprojeto de lei que objetiva estabelecer uma nova disciplina para as tutelas de urgência, que também prevê a atribuição de força de coisa julgada material para tutelas sumárias.
(69) WATANABE. *Da cognição no processo civil*, p. 135.

Na ótica do instrumentalismo processual substancial [...], a *cognição sumária* constitui uma técnica processual relevantíssima para a concepção de processo que tenha plena e total aderência à realidade sociojurídica a que se destina, cumprindo sua primordial vocação que é a de servir de instrumento à efetiva realização dos direitos. (Grifos do autor)[70]

Nessa perspectiva, a concepção da tutela antecipada, que permite a prévia realização do direito a partir de um juízo de verossimilhança (arts. 273 e 461, § 3º, do CPC), segue o imperativo constitucional de construção de procedimentos aderentes à realidade capazes de promover, quando necessário, a rápida e efetiva tutela dos direitos.

2.3. Tutela de urgência

A sociedade moderna caracteriza-se pelo ritmo cada vez mais acelerado das atividades humanas. De fato, os avanços tecnológicos verificados nas últimas décadas proporcionaram a intercomunicação imediata entre os indivíduos, permitindo a rápida troca de informações e o encurtamento das distâncias entre os diversos pontos do globo.

Esta crescente necessidade contemporânea de conferir celeridade às relações sociais, econômicas e jurídicas fez com que a questão do tempo exigido para o desenvolvimento do processo assumisse uma posição central dentre as preocupações da ciência processual.[71]

O Estado, ao vedar a autotutela privada, investiu-se no dever de tutelar efetivamente todas as situações de direito substancial previstas nas normas por ele mesmo editadas. Dessa forma, se uma pretensão de direito material requer uma proteção urgente, por estar envolvida em uma situação de perigo de dano iminente, o Estado-juiz está obrigado a conferir ao titular desta pretensão uma tutela jurisdicional tempestiva, com a capacidade de evitar que o tempo inerente ao desenvolvimento de sua atividade judicial não inviabilize o gozo do direito postulado.

Trata-se da correta expressão do direito de acesso à Justiça, também conhecido como direito à efetividade da prestação jurisdicional, previsto pela Constituição da República de 1988, em seu art. 5º, inciso XXXV, que obriga o Estado a prestar a tutela jurisdicional adequada a todas as situações de conflito intersubjetivo de interesses. Destarte, como bem acentua Luiz Guilherme Marinoni,

---

(70) *Ibidem*, p. 168.
(71) Nessa linha, hodiernamente é comum observar o implemento de campanhas com o intuito de conferir maior agilidade e eficiência à tramitação dos processos, diminuindo-se, assim, o tempo de espera dos cidadãos para desfrutar da tutela jurisdicional prometida constitucionalmente. Cite-se como exemplo o grande esforço despendido pelo CNJ (Conselho Nacional de Justiça) para o julgamento imediato de processos antigos, promovendo, inclusive, a vinculação de propagandas em rádio e televisão para afirmar a preocupação do Judiciário com a tempestividade da prestação jurisdicional.

"a inexistência de tutela adequada a determinada situação conflitiva significa a própria negação da tutela a que o Estado se obrigou no momento em que chamou a si o monopólio da jurisdição".[72]

O legislador, ciente das situações concretas de direito substancial que reclamam uma proteção emergencial, assim como do ditado constitucional que garante uma resposta jurisdicional tempestiva (art. 5º, incisos XXV e LXXVIII, da CR/88), precisou construir instrumentos processuais que assegurassem a efetividade da prestação jurisdicional mesmo nos casos em que a mera duração fisiológica do processo pudesse resultar em dano irreparável para o litigante.

Se em alguns casos, quer pela natureza do direito material envolvido, quer por outra particularidade constatada no plano da realidade, o cidadão não pode esperar o tempo inerente a uma cognição exauriente da lide, torna-se imprescindível a utilização da técnica da cognição sumária para a construção de procedimentos aderentes à necessidade de se evitar que a demora do processo possa prejudicar quem precisa da tutela jurisdicional.

Para o tratamento dessas situações urgentes, que exigem a intervenção imediata do Poder Judiciário, sob pena de o provimento final tornar-se ineficaz antes mesmo de ser validamente proferido, uma vez que não existirá mais a possibilidade de a parte usufruir da situação de vantagem que o direito material lhe assegurava, foi concebida a tutela de urgência, que, no direito brasileiro, utiliza-se de duas técnicas distintas para a sua atuação: a tutela cautelar e a tutela antecipada.[73]

A construção dessas modalidades de tutela de urgência encontra-se respaldada pelo princípio constitucional da inafastabilidade do controle jurisdicional, que exige que todas as situações de direito substancial sejam tuteladas adequadamente pelo processo. Ademais, a Emenda Constitucional n. 45, de 2004, ao garantir expressamente o direito ao processo sem dilações indevidas (art. 5º, inciso LXXVIII), tratou de assegurar também os instrumentos processuais aptos a conferir celeridade à prestação jurisdicional (incluindo-se aí, sem dúvida, a tutela cautelar e a tutela antecipada), destacando, na perspectiva instrumental do processo, a importância do direito processual para a efetivação dos direitos substanciais.

A tutela cautelar foi a primeira modalidade de tutela de urgência prevista pelo legislador pátrio, permitindo, por meio da técnica da cognição sumária, a rápida preservação dos bens jurídicos e situações fáticas envolvidas em um processo lento e demorado.

---

(72) MARINONI, Antecipação da tutela, p. 133.
Nesse mesmo sentido, afirma a ilustre processualista Teresa Arruda Alvim Wambier que "é intuitivo que garantir às pessoas a tutela jurisdicional e prestar-lhes tutela inefetiva e ineficaz é quase o mesmo que não prestar tutela" (Grifos do autor) (WAMBIER, Teresa Arruda Alvim. Da liberdade do juiz na concessão de liminares. In: WAMBIER, Teresa Arruda Alvim (Coord.). Aspectos polêmicos da antecipação da tutela. São Paulo: Revista dos Tribunais, 1997. p. 533-534 apud PIMENTA. Revista do TRT-3ª Região, v. 57, p. 119).
(73) SPADONI, Joaquim Felipe. Fungibilidade das tutelas de urgência. In: Revista de Processo, São Paulo: Revista dos Tribunais, v. 28, n. 110, p. 72-93, abr./jun. 2003.

A tutela cautelar representa uma resposta à inefetividade do procedimento comum, fundado em uma cognição plena e exauriente, para tutelar rapidamente determinadas situações de direito substancial que clamam por uma solução imediata. Dessa forma, por meio de medidas de caráter conservativo, a tutela cautelar possui o propósito de assegurar a futura realização do bem jurídico envolvido em um conflito intersubjetivo de interesses, sem, todavia, ter a capacidade de solucionar definitivamente o conflito.

É dessa função da tutela cautelar, assegurar a viabilidade de realização de um direito, que decorre uma de suas características peculiares: a instrumentalidade. De fato, percebe-se que a tutela cautelar não tem aptidão para satisfazer diretamente o direito; ela representa apenas um instrumento para possibilitar a sua futura realização.

Aliás, por constituir instrumento para viabilizar a realização de um direito, a tutela cautelar é considerada teleologicamente provisória. Ou seja, sua duração é limitada no tempo, não podendo tornar-se definitiva. Seus efeitos perduram somente enquanto o direito afirmado não for plenamente satisfeito. Após, a tutela cautelar perde a sua eficácia, uma vez que já cumpriu a sua função no sistema processual.

Importa ressaltar ainda que a provisoriedade da tutela cautelar também resulta do fato de ela ser "baseada em cognição superficial da realidade social trazida ao processo, circunstância que impede o juízo de certeza, único apto a produzir decisão definitiva e imutável."[74]

É por isso mesmo que, no curso do processo, se acaso forem objeto de cognição novos elementos que denotem seu não cabimento, a tutela cautelar pode ser revogada pelo julgador. Observa-se que a possibilidade de revogação dessa modalidade de tutela de urgência decorre diretamente do seu caráter provisório. Em consonância com essa ordem de ideias, assevera José Roberto dos Santos Bedaque:

> Como a concessão da tutela cautelar pressupõe cognição superficial, pode ocorrer que a dilação probatória inerente à tutela definitiva afaste a plausibilidade do direito. Também é possível que o perigo de ineficácia do provimento final deixe de existir. Tais circunstâncias, surgidas após a concessão da medida provisória, revelam o seu não cabimento e acarretam a sua revogação (CPC, art. 807, 2ª parte).[75]

Outra característica relevante da tutela cautelar é a sua referibilidade ao direito acautelado. Como bem acentua Luiz Guilherme Marinoni, com lastro na lição de Ovídio Baptista da Silva, não se admite uma pretensão cautelar completamente desassociada de um direito acautelado. Segundo o autor, trata a referibilidade de um pressuposto necessário da tutela cautelar. Quando não há "referibilidade nenhum direito é acautelado e nenhuma prestação de segurança (cautelar) é concedida."[76] E completa:

---

(74) BEDAQUE, José Roberto dos Santos. *Tutela cautelar e tutela antecipada*: tutelas sumárias e de urgência. 4. ed. São Paulo: Malheiros, 2006. p. 151.
(75) *Idem*.
(76) MARINONI. *Antecipação da tutela*, p. 111.

> [...] a ideia da referibilidade advém da ligação, da transitividade, entre a tutela cautelar e a tutela satisfativa, na medida em que a tutela cautelar destina-se apenas a assegurar uma pretensão, pretensão esta que jamais poderá ser satisfeita através da tutela de simples segurança.
>
> A falta de referibilidade, como se vê, é evidência da inexistência de cautelaridade. Na tutela satisfativa inexiste referibilidade a um direito acautelado. É o caso da ação de alimentos provisionais. Aí não há referibilidade, porque nada é assegurado. A pretensão é satisfeita.[77]

Portanto, em confronto com a tutela antecipada, a referibilidade é uma característica específica da tutela cautelar. A presença da referibilidade aponta para a cautelaridade, enquanto que a sua ausência indica satisfatividade e, nesse sentido, tutela antecipada.

Registre-se que a maior parte da doutrina processual brasileira assevera que a tutela cautelar é incapaz de satisfazer, mesmo que provisoriamente, o direito material da parte envolvida no litígio. Com efeito, a urgência que fundamenta a utilização dessa espécie de tutela liga-se apenas à necessidade de preservar determinados elementos imprescindíveis à posterior comprovação ou efetivação do direito substancial controvertido. Não se justifica, pois, juridicamente, nesse quadro fático específico, a satisfação imediata do direito.

Nessa mesma linha de pensamento, cumpre transcrever a advertência do eminente processualista Luiz Guilherme Marinoni:

> A tutela cautelar, como já foi dito, visa assegurar a viabilidade da realização do direito. Assim, se afirmamos que a tutela cautelar pode realizar o próprio direito (por exemplo a pretensão aos alimentos), estaremos incidindo em contradição, pois uma vez realizado o direito material nada mais resta para ser assegurado. Ou seja, quando o direito é satisfeito nada é assegurado e nenhuma função cautelar é cumprida.[78]

Destarte, evidencia-se que o sistema processual dispõe de técnica apta a tutelar adequadamente situações emergenciais que clamam pela preservação dos bens jurídicos envolvidos no processo, permitindo a sua posterior possibilidade de realização. Entretanto, é inegável que a prática forense revela casos em que a urgência liga-se a determinados direitos cuja satisfação, em razão de sua natureza ou da função por ele exercida, não comporta nenhuma dilação temporal, sob pena de perecimento do próprio direito afirmado. Em tais casos, não é difícil perceber a insuficiência da técnica cautelar para promover a efetiva tutela jurisdicional.

---

(77) *Idem*.
(78) *Ibidem*, p. 109.
Nesse sentido, consultem-se também: DINAMARCO, Cândido Rangel. *A reforma do código de processo civil*. 5. ed. São Paulo: Malheiros, 2001. p. 139-140; SILVA, Ovídio Araújo Baptista da. A antecipação da tutela na recente reforma processual. In: TEIXEIRA, Sálvio de Figueiredo (Coord.). *Reforma do código de processo civil*. São Paulo: Saraiva, 1996. p. 138.

Com efeito, em diversas situações a única maneira de garantir que a posição de vantagem decorrente da regra material será usufruída por seu titular é mediante a antecipação dos efeitos práticos do provimento final, sem os quais "a tardia solução do processo acabaria por configurar indesejável quadro da 'denegação da justiça', sem embargo da vitória serodiamente alcançada no pretório".[79]

Nesse contexto, o legislador precisou conceber outra técnica processual com a aptidão de realizar imediatamente o direito afirmado pelo autor: a tutela antecipada.

Aqui, não basta apenas assegurar ao titular do direito a possibilidade de exercê-lo futuramente; é imprescindível conceder antecipadamente a fruição do próprio direito objeto do processo. Trata-se de promover a efetiva tutela jurisdicional daquelas situações de direito substancial que, nas candentes palavras de Chiovenda, "tanto faz o não prover quanto o prover sem efeito imediato", quando se está diante "de uma possível vontade da lei cuja atuação não permita retardamento".[80]

Se, em um primeiro momento, a tutela cautelar permitiu assegurar a futura realização do direito material objeto de um processo lento e demorado por meio de medidas de caráter conservativo do bem em litígio, a construção da técnica da tutela antecipada possibilitou, posteriormente, a resolução de outro grave problema do sistema jurídico: o da demora na prestação jurisdicional satisfativa.

A tutela antecipada consagrou a possibilidade de o juiz, por meio da técnica da cognição sumária (baseada, portanto, em um juízo de verossimilhança), antecipar os efeitos práticos da tutela final de mérito pretendida pelo autor, permitindo, assim, a satisfação total ou parcial do direito, que se revelou plausível para o julgador, em momento anterior ao regularmente previsto pelo procedimento.

Obviamente que, tratando-se de uma técnica processual especial, concebida para combater o grave problema da morosidade da prestação jurisdicional, a sua concessão está sempre condicionada à comprovação de certos requisitos e pressupostos legalmente previstos, sendo que somente a tutela antecipada fundada no perigo de dano irreparável ou de difícil reparação pode ser enquadrada como tutela de urgência.

Sobre o instituto da tutela de urgência, existe um ponto que sempre mereceu destaque da doutrina: a preocupação em distinguir a tutela antecipada da tutela cautelar.

Registre-se, no entanto, que parte da literatura especializada pátria, mesmo após o advento da Lei n. 8.952/94, que, dando nova redação ao art. 273 do CPC, introduziu de forma generalizada o instituto da tutela antecipada, insiste em tratar a tutela antecipada como tutela cautelar, adotando as lições da doutrina italiana contemporânea.[81]

---
(79) THEODORO JÚNIOR, Humberto. Tutela antecipada. In: *Revista de Direito Processual Civil*, Curitiba, Editora Genesis, p. 40, jan./abr. 1997 apud BEDAQUE. *Tutela cautelar e tutela...* p. 126.
(80) CHIOVENDA. *Instituições de direito processual civil*, v. I, p. 341 apud PIMENTA, *Direito do trabalho...* p. 353.
(81) Nesse sentido consultem-se, entre outros, BEDAQUE. *Tutela cautelar e tutela antecipada...* 2006; MALLET, Estêvão. *Antecipação da tutela no processo do trabalho*. São Paulo: LTr, 1998. p. 37-50.

O critério para tal postura reside, essencialmente, no fato dessas duas modalidades de tutela de urgência serem obtidas mediante cognição sumária, tendo, portanto, como característica em comum a provisoriedade. Como se observa, a identidade entre a tutela cautelar e a tutela antecipada é afirmada a partir de um critério puramente processual (a provisoriedade), pouco importando as diferentes funções por elas exercidas no plano do direito substancial.

Entretanto, cumpre ressaltar que existem autores que discrepam dessa orientação, ressalvando que, não obstante a tutela antecipada e a tutela cautelar serem provisórias, isto é, provimentos judiciais com duração temporal limitada, as diferenças entre essas duas técnicas processuais são evidentes e significativas. Nesse sentido é lapidar o magistério de Luiz Guilherme Marinoni e Sérgio Cruz Arenhart:

> Classificar as tutelas de cognição sumária, tomando-se como critério a provisoriedade (que é um critério processual), contradiz a ideia de se pensar a tutela jurisdicional na perspectiva do direito material ou da instrumentalidade do processo em relação ao direito material. Se a tutela, ainda que fundada em cognição sumária (*fumus boni iuris*), dá ao autor o resultado prático que ele procura obter através da própria tutela final, não é possível dizer que essa tutela esteja apenas assegurando o "resultado útil" do processo. Como é óbvio, se o único "resultado útil" que se poderia esperar do processo foi dado desde logo ao autor, torna-se no mínimo equivocado pensar que não foi concedido ao autor o direito material buscado, mas apenas assegurado o resultado que se espera ver cumprido pelo processo. Ora, o resultado do processo somente pode ser o de se dar ao autor o direito material que ele afirma possuir! Quem fala em "tutela provisória" nada diz para quem está preocupado com um processo que responda às necessidades do direito substancial.[82]

Logo, é importante notar que a tutela cautelar e a tutela antecipada cumprem funções completamente diferentes: a primeira apenas assegura a futura realização do direito; a segunda permite realizar imediatamente o próprio direito controvertido, ainda que provisoriamente.

A instrumentalidade, elemento tipicamente cautelar, não é observada com tanta nitidez na tutela antecipada. Na medida em que não constitui meio para assegurar a viabilidade de realização do direito, tal tutela possibilita a fruição imediata do "bem da vida" objeto do processo, cumprindo antecipadamente a missão que cabia à tutela final. Ora, não pode ser instrumental em relação à tutela final uma tutela que coincida com esta.[83]

Nessa mesma esteira de raciocínio, Luiz Guilherme Marinoni e Sérgio Cruz Arenhart assim se pronunciam:

---

(82) MARINONI, Luiz Guilherme; ARENHART, Sérgio Cruz. *Processo de conhecimento*. 7. ed. rev. e atual. São Paulo: Revista dos Tribunais, p. 201-202, 2008.
(83) RICCI, Edoardo. A tutela antecipatória brasileira vista por um italiano. In: *Revista de Direito Processual Civil*, v. 6, p. 708 *apud* MARINONI, Luiz Guilherme; ARENHART. *Processo de conhecimento*, p. 205.

A tutela que satisfaz antecipadamente o direito material, ainda que sem produzir coisa julgada material, evidentemente não é uma tutela que possa ser definida a partir da característica da instrumentalidade. No plano do direito material, a tutela antecipatória dá ao autor tudo aquilo que ele esperaria obter através do processo de conhecimento. A tutela antecipatória, ao contrário da tutela cautelar, embora seja caracterizada pela provisoriedade, não é caracterizada pela instrumentalidade, ou melhor, não é instrumento que se destina a assegurar a utilidade da tutela final.[84]

Existem posições doutrinárias, todavia, que afirmam que tanto a tutela cautelar quanto a tutela antecipada têm como função primordial assegurar a efetividade e a utilidade do provimento final.[85]

Primeiramente, a respeito dessa posição doutrinária, cumpre salientar que, na visão instrumental do processo, a tutela antecipada e a tutela cautelar, como técnicas processuais que são, constituem meios destinados à efetivação do direito material, utilizadas sempre com o intuito de melhorar os resultados para os "consumidores" da prestação jurisdicional.[86] Admitir que o objetivo principal e imediato dessas tutelas é a proteção da eficácia do processo constitui absoluto erro de perspectiva. Se uma das finalidades precípuas do direito processual é a efetiva realização do direito material, nada mais correto do que afirmar que suas técnicas são concebidas primordialmente com esse mesmo objetivo.

Ademais, não se pode aceitar sem as devidas ponderações que a tutela antecipada não tem por função principal a realização imediata do direito substancial lesado ou ameaçado. Cita-se como exemplo o caso de um menor que precisa de uma transfusão de sangue urgente para salvar-lhe a vida, mas um dos pais opõe-se ao ato por motivos religiosos, sendo necessário requerer ao juiz o suprimento da autorização. Se não ocorrer a antecipação dos efeitos práticos do provimento final, o direito à vida do menor certamente perecerá.[87] Nessa hipótese, a antecipação da tutela revela-se imprescindível para salvaguardar o próprio bem jurídico objeto do processo (direito à vida), e não, primordialmente, a utilidade do provimento final. Obviamente que, quando se antecipam os efeitos práticos do provimento final em uma situação de emergência, a eficácia da atividade judicial é protegida de forma reflexa. Entretanto, é importante perceber que, embora contribua para a utilidade do provimento final, a tutela antecipada tem como função principal realizar imediatamente o direito material afirmado pelo autor.

Resta claro que, além de possuírem características distintas, a tutela cautelar e a tutela antecipada cumprem diferentes funções, não se justificando tratar a tutela

---

(84) MARINONI; ARENHART. *Processo de conhecimento*, p. 204.
(85) Nessa linha: BEDAQUE. *Tutela cautelar e tutela antecipada...* p. 146-147; MALLET. *Antecipação da tutela no processo do trabalho*, p. 37-50; SPADONI. *Revista de Processo*, p. 80.
(86) DINAMARCO. *A instrumentalidade do processo*, p. 275-276.
(87) O exemplo foi cunhado por MOREIRA, José Carlos Barbosa. Antecipação da tutela: algumas questões controvertidas. In: *Revista Síntese de Direito Civil e Processual Civil*, Porto Alegre, Síntese, v. 3, n. 13, p. 5-13, set./out. 2001, p. 9.

antecipada como se fosse uma espécie da vasta categoria da tutela cautelar. Nesse sentido é também a lição de Edoardo Ricci, um dos maiores especialistas em tutela antecipada da Itália que, debruçando-se sobre a tutela antecipada brasileira, afirmou:

> Estou plenamente convicto de que os provimentos antecipatórios possuem natureza diversa dos provimentos cautelares; e, portanto, não posso olhar com simpatia uma união indiscriminada dos provimentos antecipatórios e dos provimentos cautelares do ponto de vista da disciplina. *É, por outro lado, verdadeiro, que a separação teórica entre provimentos antecipatórios e provimentos cautelares nem sempre é advertida na Europa com a mesma precisão que é advertida na doutrina brasileira. Mas as minhas convicções levam-me a compartilhar, sobre esse tema, das orientações da doutrina brasileira.* (Grifos do autor)[88]

Contudo, cumpre aqui registrar o importante alerta feito pelo respeitado processualista José Carlos Barbosa Moreira que, depois de lembrar as inegáveis diferenças entre a tutela cautelar e a tutela antecipada, chama a atenção para as suas semelhanças (que, aliás, justificam o enquadramento dessas duas técnicas processuais em um mesmo gênero, o da tutela de urgência) e também para a existência das denominadas "zonas cinzentas", que dificultam demarcar com facilidade a linha divisória entre os dois terrenos. E conclui, com as suas habituais clareza e precisão: "A ciência processual – melhor dizendo: a ciência jurídica – precisa aceitar o fato de que, em alguns assuntos, não lhe é dado fixar marcos de perfeita nitidez entre áreas limítrofes. E, às vezes, não é útil sequer tentar fazê-lo."[89]

De fato, é inegável a existência de zonas de penumbra que tornam difícil para o operador do direito distinguir na prática se é o caso de tutela antecipada ou de tutela cautelar. Entretanto, essas dificuldades evidenciadas no cotidiano forense não devem servir de escusa para tratar da mesma maneira técnicas processuais de natureza distinta. Por fim, é importante lembrar que foi para solucionar essas situações que o legislador, por meio da Lei n. 10.444/02, que acrescentou o § 7º ao art. 273 do CPC, estabeleceu verdadeira "fungibilidade" entre as espécies de tutela de urgência, permitindo ao juiz conceder uma providência cautelar mesmo que o autor tenha requerido uma providência antecipatória.

2.4. Tutela de evidência

Certamente, a tempestividade da prestação jurisdicional constitui requisito inafastável para a consecução de uma ordem jurídica justa. A doutrina reconhece que, para a correta compreensão da problemática do tempo do processo, é preciso perceber que, em regra, em um conflito judicial o autor reclama uma alteração da

---

(88) RICCI, Edoardo. Possíveis novidades sobre a tutela antecipada na Itália. In: *Revista de Direito Processual Civil*, Curitiba, Gênesis, v. 7, p. 92 *apud* MARINONI; ARENHART. *Processo de conhecimento*, p. 207.
(89) MOREIRA, José Carlos Barbosa. Tutela de urgência e efetividade do direito. In: *Revista Síntese de Direito Civil e Processual Civil*, Porto Alegre, Síntese, v. 5, n. 25, p. 5-18, set./out. 2003, p. 17.

realidade empírica e o réu pretende manter o mesmo estado das coisas. É inegável que a restauração da posição jurídica de vantagem almejada pelo autor demanda tempo, e esse tempo é geralmente apenas por ele suportado. Dessa forma, ainda que o autor se consagre vitorioso, obtendo posteriormente o bem da vida requerido, a simples dilação temporal inerente à efetivação do direito material já é fonte de dano para o autor que tem razão. Nesse mesmo sentido, resgatando uma das clássicas lições de Chiovenda ("a duração do processo não deve causar dano ao autor que tem razão"), assinala Luiz Guilherme Marinoni:

> Se o autor é prejudicado esperando a coisa julgada material, o réu, que manteve o bem na sua esfera jurídico-patrimonial durante o longo curso do processo, evidentemente é beneficiado. *O processo, portanto, é um instrumento que sempre prejudica o autor que tem razão e beneficia o réu que não a tem!* (Grifos do autor) [90]

Ora, se a demora na prestação jurisdicional representa um fardo somente para o autor, é intuitivo que o réu, mesmo sabendo que não tem razão, é incentivado a litigar e a procrastinar o processo, o que certamente significa não só prejuízo para o autor, mas também grave problema social, que deve ser firmemente combatido pelo Estado.

Aceitar passivamente uma justiça morosa é premiar o cidadão que reiteradamente descumpre a ordem jurídica, uma vez que o bem da vida lesado ou ameaçado continuará fazendo parte do patrimônio deste enquanto não for concedida a tutela jurisdicional. Como bem observa Luiz Guilherme Marinoni, "quanto maior for a demora do processo maior será o dano imposto ao autor e, por consequência, maior será o benefício concedido ao réu".[91]

Essa situação se agrava ainda mais quando o réu, mesmo diante de direitos evidentes, utiliza mecanismos ardilosos e artificiosos, abusando do direito de defesa, com o claro intuito de atrasar a resposta jurisdicional para o conflito intersubjetivo de interesses posto em exame.

A partir do momento em que o fator tempo passa a ser visto como um ônus que não deve ser suportado exclusivamente pelo autor, torna-se imperiosa a concepção de técnicas processuais com a aptidão de distribuí-lo de forma mais equânime entre autor e réu, além de inibir fortemente o uso do direito de defesa com o inequívoco objetivo de procrastinar o desenvolvimento da atividade judicial.

Logo, o legislador, para atender ao imperativo constitucional que exige uma prestação jurisdicional célere e efetiva, consagrou outra hipótese para a antecipação da tutela (diversa da concedida em caso de "perigo de dano irreparável ou de difícil reparação" – art. 273, inciso I, do CPC) que decorre do "abuso de direito de defesa" ou "de manifesto propósito protelatório do réu" (art. 273, inciso II, do CPC).

---
(90) MARINONI, Luiz Guilherme. *Tutela antecipatória, julgamento antecipado e execução imediata da sentença*. São Paulo: Revista dos Tribunais, 1997, p. 22-23 *apud* PIMENTA. *Revista do TRT-3ª Região*, v. 57, p. 119.
(91) MARINONI. *Antecipação da tutela*, p. 274.

Ademais, por meio do § 6º do art. 273 do CPC, incluído pela Lei n. 10.444/02, estendeu a possibilidade de antecipação "quando um ou mais dos pedidos cumulados, ou parcela deles, mostrar-se incontroverso".

Tais disposições denotam que a tutela antecipada, que é uma técnica de distribuição do ônus do tempo no processo, não está relacionada apenas ao problema da urgência. Aqui, o fundamento para a concessão da tutela antecipada revela-se diferente: a urgência não é requisito para a sua concessão; o que se pretende é inverter o ônus do tempo do processo para que o autor, diante de um direito evidente ou incontroverso, não precise aguardar as delongas do procedimento ordinário para obter o bem da vida perseguido.[92]

A possibilidade de antecipação da tutela com base no "abuso de direito de defesa" não é verdadeiramente nova. Antes da introdução dessa hipótese pela Lei n. 8.952/94 no ordenamento jurídico brasileiro, o direito francês já autorizava a antecipação da tutela diante da ausência de séria contestação à obrigação reclamada. Trata-se da denominada "référé provision" que, segundo Roger Perrot, foi responsável na França pela diminuição do número de defesas e recursos abusivos, uma vez que retira do réu a vantagem de ter a seu favor a demora do processo.[93]

O art. 273, inciso II, do CPC autoriza o juiz a antecipar os efeitos da tutela final de mérito toda vez que se deparar com a evidência do direito do autor e com a fragilidade da resistência oferecida pelo réu.

De acordo com Luiz Guilherme Marinoni, quando o direito do autor revela-se evidente, a antecipação da tutela em caso de "abuso de direito de defesa" se justifica pelo fato de não existir razão "para o autor ser obrigado a sofrer com o tempo necessário para o réu provar o que alega, especialmente porque esse pode pretender utilizar a prova apenas para protelar a realização do direito."[94] Com efeito, no caso em tela, realizar tardiamente o direito da parte em face da sua evidência significa violar o direito fundamental à tutela jurisdicional efetiva.

Contudo, adverte o citado processualista paranaense que apenas a evidência do direito não basta para a concessão da tutela antecipada requerida pelo autor. Para tanto é imprescindível que a defesa do réu "seja reconhecida como infundada. Vale dizer: a probabilidade de insucesso da defesa indireta é elemento que não pode ser desconsiderado para a tutela antecipatória." E conclui de forma lapidar:

---

(92) Cumpre registrar que o autor gaúcho Ovídio Baptista adverte que o procedimento ordinário revela-se totalmente inadequado para promover a tutela dos direitos evidentes, em que a demora da prestação jurisdicional é injusta e ilegítima, lembrando que o procedimento deve sempre adequar-se à "liquidez e certeza" do direito (SILVA, Ovídio Baptista da. *Curso de processo civil*. São Paulo: Revista dos Tribunais, v. 3, p. 46-47, 1993 *apud* FUX, Luiz. *Tutela de segurança e tutela de evidência*. São Paulo: Saraiva, 1996. p. 306).
(93) PERROT, Roger. *Les mesures provisoires en droit français*. Les mesures provisoires em procédure civile. Milano: Giuffrè, 1985, p. 168-169 *apud* MARINONI. *Antecipação da tutela*, p. 277.
(94) MARINONI. *Antecipação da tutela*, p. 279-280.

Quando se põe, como requisito para a tutela antecipatória, a exigência de que a defesa indireta seja infundada, evidencia-se que o objetivo dessa técnica antecipatória não é simplesmente repartir o tempo do processo, mas sim distribuir esse tempo na medida em que o réu pode abusar do seu direito de defesa, apresentando uma defesa de mérito indireta *infundada* para protelar o momento de realização do direito do autor. (Grifos do autor)[95]

O § 6º do art. 273 do CPC inaugurou outra possibilidade de antecipação da tutela, no caso de permanecer incontroverso um ou mais dos pedidos cumulados, ou parcela deles.

Como já anotado, a Emenda Constitucional n. 45/2004, ao introduzir o inciso LXXVIII ao art. 5º da Lei Magna, garantiu expressamente o direito fundamental à razoável duração do processo, embora a literatura especializada[96] já afirmasse, acertadamente, que tal direito se encontrava implícito no art. 5º, inciso XXXV, como corolário do direito fundamental à tutela jurisdicional efetiva.

É preciso perceber que a prática forense revela diversas demandas judiciais em que um dos pedidos, ou sua parcela, torna-se incontroverso durante a marcha processual, sendo injusto obrigar o autor a aguardar a tutela final de mérito para usufruir da situação jurídica de vantagem a que faz jus.

Em tais situações, quando um dos pedidos, ou sua parcela, torna-se pronto para o julgamento antes de outro, não viabilizar a tutela imediata do direito que se mostrou incontroverso no curso do processo é infringir diretamente o direito fundamental ao processo sem dilações indevidas. Nessa mesma ordem de ideias, calha colacionar as candentes palavras de Luiz Guilherme Marinoni:

> Se é possível a realização antecipada de um direito com base em convicção de verossimilhança (art. 273, I, CPC), é incoerente não admitir a antecipação quando a convicção acerca de um pedido é de verdade. Ora, se o direito provável pode não admitir protelação, o direito incontroverso, por razões óbvias, não deve ter a sua tutela postergada.
>
> Não há razão para não admitir a tutela antecipatória do pedido que, apesar de contestado, tornou-se incontroverso. Obrigar o autor a esperar, para a tutela de um direito incontroverso, a instrução necessária para a elucidação de pedido cumulado, é castigá-lo de maneira irracional com o ônus do tempo do processo, agravando o "dano marginal" que lhe é *invarialmente* acarretado. (Grifos do autor)[97]

---

(95) MARINONI. *Antecipação da tutela*, p. 280.
(96) TUCCI. *Tempo e processo*, p. 63.
(97) MARINONI. *Antecipação da tutela*, p. 290.
O autor alerta ainda para o potencial que essa possibilidade de antecipação de tutela tem de diminuir o número de defesas abusivas. Certamente, ao se permitir o julgamento antecipado de um pedido cumulado ou de parcela dele, o réu se sentirá desencorajado a abusar do seu direito de defesa apenas para procrastinar a tutela de um pedido que desnecessita de prova.

Destarte, o § 6º do art. 273 do CPC veio complementar o excelente arcabouço jurídico estabelecido pelo legislador para promover a adequada, célere e efetiva tutela dos direitos, permitindo, por intermédio do instituto da tutela antecipada, não apenas a imediata tutela das situações de direito material que clamam por uma resposta judicial urgente, sob pena de perecimento do bem jurídico objeto do litígio, mas também a melhor distribuição do ônus do tempo do processo entre as partes, que antes representava um fardo imputado somente ao autor.

2.5. Tutela inibitória

O Estado Liberal ficou marcado pela intangibilidade do direito de liberdade individual diante dos poderes estatais. Em tal período, não cabia ao Estado intervir diretamente nas relações jurídicas entre os indivíduos, entendendo-se que a sua atuação antes da violação do direito consistia uma afronta aos valores da liberdade humana, premissa máxima da doutrina liberal. A jurisdição deveria limitar-se à reparação do direito subjetivo lesado, agindo somente *a posteriori* da violação da norma. Dessa forma, excluía-se a possibilidade de tutelar preventivamente os direitos proclamados pelo Estado, já que o exercício de tal atividade levaria ao inevitável incremento dos poderes de controle do Estado-juiz e à excessiva interferência no âmbito das relações jurídicas privadas.[98]

A concepção jurídica liberal, todavia, mostrou-se totalmente inadequada diante das novas situações de direito substancial, que exigem nova forma de atuação do Estado, com a capacidade de tutelar preventivamente os direitos, especialmente aqueles que exercem função não patrimonial.

De fato, existem determinadas situações de direito substancial que, diante de sua natureza, não suportam violação, tornando-se imprescindível a utilização de técnicas processuais que permitam a tutela preventiva de tais situações. Não são raras as oportunidades em que o juiz se depara com direitos e valores consagrados como fundamentais pelo ordenamento jurídico cuja inviolabilidade é absoluta, exigindo uma proteção preventiva do Estado, sob pena de, na prática, serem transformados em mera hipocrisia legislativa.

Daí a razão de se afirmar que os mecanismos processuais de tutela preventiva encontram fundamento no próprio direito material. Conforme anota Luiz Guilherme Marinoni, "como o direito material depende – quando pensado na perspectiva da efetividade – do processo, é fácil concluir que a ação preventiva é consequência lógica das necessidades do direito material."[99]

Ademais, é oportuno lembrar que a Constituição da República de 1988 determina, em seu art. 5º, inciso XXXV, que "a lei não excluirá da apreciação do Poder

---

(98) SPADONI. *Ação inibitória...* p. 27.
(99) MARINONI. *Técnica processual e tutela de direitos*, p. 194.

Judiciário lesão ou *ameaça a direito*" (grifou-se). Observa-se que a Lei Maior, ao garantir o acesso à Justiça, destacou que nenhuma lei poderá excluir da apreciação do Poder Judiciário "ameaça a direito", deixando clara a sua preocupação em também promover a tutela preventiva dos direitos. Com efeito, tal dispositivo constitucional garante não apenas o direito do cidadão de levar as suas contendas à apreciação do órgão judiciário após a ocorrência da lesão, mas, principalmente, o direito fundamental à tutela jurisdicional efetiva, que tem como corolário inquestionável o direito à tutela apta a impedir a violação do direito.

Nesse mesmo sentido assinala o eminente processualista paranaense Luiz Guilherme Marinoni:

> Na verdade, há direito fundamental à efetividade da tutela jurisdicional e, assim, direito fundamental à tutela preventiva, o qual incide sobre o legislador – obrigando-o a instituir as técnicas processuais capazes de permitir a tutela preventiva – e sobre o juiz – obrigando-o a interpretar as normas processuais de modo a delas retirar instrumentos processuais que realmente viabilizem a concessão de tutela de prevenção.[100]

Diante deste quadro, as reformas do Código de Processo Civil, ao modificarem a redação do art. 461 (Lei n. 8.952, de 13.12.1994), introduziram a denominada tutela inibitória ao ordenamento jurídico brasileiro, com aplicabilidade geral a todas as espécies de obrigações de fazer e de não fazer, não se limitando, portanto, ao âmbito das relações de consumo, tal como a tutela inibitória inicialmente estabelecida pelo art. 84 da Lei n. 8.078/90, que instituiu o Código de Defesa do Consumidor.

Percebe-se que a tutela antecipada também foi prevista no § 3º do art. 461, possibilitando ao juiz conferir à parte, antes da decisão final da ação inibitória, a proteção jurisdicional que antes seria outorgada somente ao término do processo.

A tutela inibitória trata-se de uma ação de conhecimento de natureza preventiva que visa impedir a prática, a repetição ou a continuação de ato contrário aos deveres estabelecidos pela ordem jurídica.[101] Como se pode notar, ao contrário da tutela cautelar, a tutela inibitória não pode ser vista como instrumento para a realização de determinado direito, mas sim como ação autônoma que permite impedir, de forma principal e direta, a violação do próprio direito substancial da parte. Exatamente nessa mesma ordem de ideias, José Roberto dos Santos Bedaque, discorrendo sobre a tutela preventiva, assevera que:

> [...] a prevenção do dano se dá mediante provimento jurisdicional definitivo, ou seja, destinado a regular a relação material. Não é emitido apenas para assegurar a efetividade do resultado de outro. Representa proteção definitiva ao direito substancial.

---

(100) MARINONI. *Técnica processual e tutela de direitos*, p. 194.
(101) SPADONI. *Ação inibitória...* p. 32.

A existência de ameaça a direito pode justificar, portanto, pedido de provimento jurisdicional destinado a fazer cessar definitivamente a situação de perigo.[102]

Paralelamente, é importante notar que a tutela inibitória possui a excelente qualidade de priorizar a tutela específica das pretensões postas em Juízo em detrimento da tutela meramente ressarcitória tão aclamada pelo Estado Liberal. Ora, nada mais natural do que a ordem jurídica buscar o cumprimento específico das obrigações, concretizando outro clássico ensinamento de Chiovenda de que "o processo deve dar, quanto for possível praticamente, a quem tenha um direito, tudo aquilo e exatamente aquilo que ele tenha direito de conseguir"[103]. De fato, a tutela específica das obrigações constitui o resultado perfeito que qualquer ordenamento jurídico almeja como expressão máxima da justiça. Nesse exato sentido, cumpre transcrever a manifestação do notável processualista José Carlos Barbosa Moreira:

> Não há dúvida de que a tutela específica é superior e deve ser preferida, sempre que possível, a qualquer outra. O que o ordenamento jurídico quer é que os deveres e obrigações se cumpram *tais quais são. Se a alguém é dado pretender, segundo o direito, que outrem se abstenha de algo, há de poder contar com o direito para conseguir a utilidade que espera da abstenção – essa utilidade, e não outra, "equivalente" que seja, ou inculcada como tal.* E a necessidade de recorrer às vias judiciais para obter proteção nada altera, em princípio no quadro: *se o processo constitui instrumento para a realização do direito material, só se pode a rigor considerar plenamente eficaz a sua atuação quando ele se mostre capaz de produzir resultado igual ao que se produziria se o direito material fosse espontaneamente observado.* (Grifos do original)[104]

Registre-se que a prioridade da tutela específica das obrigações encontra amplo respaldo da literatura especializada, sustentando-se que "a reparação do dano deve ser mero expediente subsidiário e residual contra o inadimplemento da obrigação"[105], utilizado apenas quando não for possível a obtenção da tutela específica do direito.

Nessa perspectiva, são inegáveis as vantagens proporcionadas pela ampla utilização da tutela inibitória no cotidiano das relações jurídicas, uma vez que, ao impedir a prática, a repetição ou a continuação de ato antijurídico, permite ao titular de uma situação jurídica de vantagem a fruição in natura do bem juridicamente tutelado, consistindo o mero ressarcimento pecuniário pelo dano em uma injusta expropriação de direitos que, definitivamente, não condiz com o paradigma do Estado Democrático de Direito.

---

(102) BEDAQUE. *Tutela cautelar e tutela...* p. 170.
(103) CHIOVENDA. *Instituições de direito processual civil*, v. I, p. 67.
(104) MOREIRA, José Carlos Barbosa. A tutela específica do credor nas obrigações negativas. In: MOREIRA, José Carlos Barbosa. *Temas de direito processual* – segunda série. 2. ed. São Paulo: Saraiva, 1988, p. 31-32 *apud* PIMENTA, *Revista do TRT-3ª Região*, v. 57, p. 123.
(105) SPADONI. *Ação inibitória...* p. 43.

Nota-se que é infinitamente melhor prevenir do que ressarcir, sendo que esta espécie de tutela possui a grande vantagem de produzir os mesmos efeitos da observância espontânea das normas de direito material, vontade maior da parte que estaria na iminência de ver seu direito violado.

Contudo, não obstante a absoluta preferência pela utilização da tutela inibitória em detrimento da tutela repressiva, existem inquestionáveis dificuldades práticas para a utilização desse moderno mecanismo processual, mormente no que diz respeito à questão da prova.

Sabe-se que a tutela inibitória é voltada para o futuro, utilizada devido a um justo receio de violação ao direito material da parte, destinada a impedir, de forma direta e principal, esta transgressão ao comando das regras substanciais que não foi espontaneamente adotado pelo seu destinatário, podendo ainda se dar para vedar a continuação ou a repetição de um ilícito já praticado (não obstando, nestes dois últimos casos, a tutela ressarcitória se já houve algum dano).

Ora, tratando-se de uma ação dirigida para o futuro, com o escopo de evitar a concretização de um ilícito que apenas se teme, a matéria da prova desde logo revela sua enorme complexidade para os operadores do direito. Com efeito, é infinitamente mais fácil realizar a reconstrução de fatos pretéritos do que a prova da ameaça ao direito.

Ademais, ressalte-se que na tutela inibitória não é relevante, como objeto de análise, a questão do dano ou culpa na conduta que se pretende evitar. Certamente, apenas a violação do direito ou a sua ameaça já são suficientes como pressupostos para a utilização dessa espécie de ação.[106] A conclusão chega a ser até intuitiva: por que verificar a ocorrência do dano se a tutela inibitória não visa sua reparação, mas sim a evitar a prática, repetição ou continuação do ato contrário ao direito?

Quanto à culpa, não se pode olvidar que a tutela inibitória é uma ação voltada para o futuro, sendo praticamente impossível ou ao menos improvável, portanto, a valoração e a comprovação de aspectos subjetivos, como a culpabilidade (futura) da parte. Nessa mesma linha de raciocínio, é lapidar a conclusão de Cristina Rapisarda:

> [...] da natureza preventiva da inibitória deriva também a ausência da culpa entre seus pressupostos de expedição. A ação inibitória volta-se para o futuro e assim fica excluída a possibilidade objetiva de valorar preventivamente os elementos subjetivos do comportamento ilícito futuro sobre o qual é destinado incidir o provimento final da tutela.[107]

Dessa forma, não sendo objeto de perquirição a questão da culpa ou do dano na ação inibitória, a cognição judicial deverá recair sobre, precipuamente, apenas um elemento: a prova da ameaça.

---

(106) MARINONI; ARENHART. *Processo de conhecimento*, p. 304.
(107) RAPISARDA, Cristina. *Profili della tutela civile inibitoria*. Padova: Cedam, 1987. v. 9, p. 427 *apud* MARINONI; ARENHART. *Processo de conhecimento*, p. 304.

Como se trata de demonstrar apenas um temor à prática (futura) de um ato contrário ao direito, sem que tenha, ainda, ocorrido efetiva lesão à ordem jurídica, a análise das provas indiciárias assume, especialmente nessa espécie de ação, incontestável relevância.[108]

Com efeito, a constatação da ocorrência de alguns fatos indiciários poderá apontar para a probabilidade de ocorrência de futura prática ilícita, tornando o temor realmente plausível na percepção do julgador, uma vez que apoiado em elementos concretos e exteriores capazes de confirmar esse fundado receio do autor.

Não é incomum no cotidiano forense o julgamento de casos em que, ausente a constatação de atos concretos preparatórios para a prática de lesão ao direito, as únicas evidências de que o fato ilícito irá ocorrer apresentam-se de forma indireta, devendo o magistrado estar atento a aspectos que podem representar verdadeiros indícios da ameaça de futura violação a direitos.

Em se tratando de ação que visa impedir a continuação ou a repetição de ilícito, a simples ocorrência pretérita ou atual de ato violador de direitos já constitui, por si só, forte indício de possibilidade de nova e igual lesão futura. Dessa forma, caso se verifiquem razoáveis motivos para a repetição ou continuação do ato, suficiente será a prova da ameaça, devendo o juiz conceder a proteção inibitória pleiteada pelo autor.

Por fim, cumpre destacar que, por tratar-se a tutela inibitória de uma ação voltada para o futuro, em que a apuração dos fatos por isso mesmo implica em dificuldades constantes, não se poderá exigir o mesmo grau de evidência (certeza) que se exige nas clássicas ações ressarcitórias. A própria estrutura e natureza das situações envolvidas por esse tipo de ação apontam para a necessária redução do módulo da prova, assim como é feito nas ações cautelares e antecipatórias. Certamente, requerer elementos de convicção completos como pressuposto para a concessão da tutela inibitória é o mesmo que esterilizar esse importante instrumento de defesa de direitos reputados essenciais pela ordem jurídica.

---

(108) Como bem demonstram Luiz Guilherme Marinoni e Sérgio Cruz Arenhart, a correta utilização da prova indiciária na ação inibitória pode significar verdadeiro "divisor de águas entre a prova (direta) impossível e o uso indiscriminado das presunções legais" (MARINONI; ARENHART. *Processo de conhecimento*, p. 296).
Denominada também de "presunção judicial", a prova indiciária permite ao julgador, mediante um raciocínio dedutivo, concluir no sentido da ocorrência de um fato ilícito quando verificada a ocorrência de determinado fato secundário (indício) ao qual, normalmente, o primeiro está associado. Tal noção já havia sido admiravelmente explicada pelo processualista italiano Giuseppe Chiovenda:
"As presunções que, neste passo cogitamos, são somente as denominadas *praesumtiones hominis* (ou *facti*), a saber, aquelas de que o juiz, como homem se utiliza no correr da lide para formar a sua convicção, exatamente como faria qualquer raciocinador fora do processo. Quando, segundo a experiência que temos da ordem *normal* das coisas, um fato constitui causa ou efeito de outro, ou de outro se acompanha, nós, conhecida a existência de um dos dois, *presumimos* a existência do outro. A presunção equivale, pois, a uma convicção fundada sobre a ordem normal das coisas e que dura até prova em contrário" (Grifos do autor) (CHIOVENDA, Giuseppe. *Instituições de direito processual civil*. 2. ed. Campinas: Bookseller, 2000. v. III, p. 165).

2.6. A aplicabilidade das tutelas de urgência, de evidência e inibitória no processo do trabalho

2.6.1. A generalização da tutela antecipada e específica das obrigações promovida pelos arts. 273 e 461 do CPC

Diante do quadro de patente inadequação do procedimento comum para promover a tutela efetiva de determinadas situações de direito substancial, especialmente aquelas em que a sua satisfação não suporta nenhuma dilação temporal, além da necessidade de priorizar a tutela preventiva e específica das obrigações em detrimento da tutela meramente ressarcitória, o legislador processual, por intermédio da Lei n. 8.952/94, que alterou a redação dos arts. 273 e 461 do CPC, universalizou a possibilidade de utilizar a tutela antecipada e específica das obrigações em qualquer processo, deixando de ser uma providência excepcional (inicialmente empregada apenas de forma pontual, tal como permitido pelos arts. 928 do CPC, que trata das ações possessórias, 59 da Lei n. 8.245/91 que dispõe sobre os procedimentos pertinentes às locações de imóveis urbanos, 11 da Lei n. 7.347/85 que disciplina a ação civil pública, 213 da Lei n. 8.069/90 que aprovou o Estatuto da Criança e do Adolescente e 84 da Lei n. 8.078/90 que instituiu o Código de Defesa do Consumidor) para tornarem-se institutos de aplicabilidade geral no sistema processual.

Vale a pena transcrever o conteúdo das normas que estão nos arts. 273 e 461 do CPC:

Art. 273. O juiz poderá, a requerimento da parte, antecipar, total ou parcialmente, os efeitos da tutela pretendida no pedido inicial, desde que, existindo prova inequívoca, se convença da verossimilhança da alegação e:

I – haja fundado receio de dano irreparável ou de difícil reparação; ou

II – fique caracterizado o abuso de direito de defesa ou o manifesto propósito protelatório do réu.

§ 1º Na decisão que antecipar a tutela, o juiz indicará, de modo claro e preciso, as razões do seu convencimento.

§ 2º Não se concederá a antecipação da tutela quando houver perigo de irreversibilidade do provimento antecipado.

§ 3º A efetivação da tutela antecipada observará, no que couber e conforme sua natureza, as normas previstas nos arts. 588, 461, §§ 4º e 5º, e 461-A.

§ 4º A tutela antecipada poderá ser revogada ou modificada a qualquer tempo, em decisão fundamentada.

§ 5º Concedida ou não a antecipação da tutela, prosseguirá o processo até final julgamento.

§ 6º A tutela antecipada também poderá ser concedida quando um ou mais dos pedidos cumulados, ou parcela deles, mostrar-se incontroverso.

§ 7º Se o autor, a título de antecipação de tutela, requerer providência de natureza cautelar, poderá o juiz, quando presentes os respectivos pressupostos, deferir a medida cautelar em caráter incidental do processo ajuizado.

[...]

Art. 461. Na ação que tenha por objeto o cumprimento de obrigação de fazer ou não fazer, o juiz concederá a tutela específica da obrigação ou, se procedente o pedido, determinará providências que assegurem o resultado prático equivalente ao do adimplemento.

§ 1º A obrigação somente se converterá em perdas e danos se o autor o requerer ou se impossível a tutela específica ou a obtenção do resultado prático correspondente.

§ 2º A indenização por perdas e danos dar-se-á sem prejuízo da multa (art. 287).

§ 3º Sendo relevante o fundamento da demanda e havendo justificado receio de ineficácia do provimento final, é lícito ao juiz conceder a tutela liminarmente ou mediante justificação prévia, citado o réu. A medida liminar poderá ser revogada ou modificada, a qualquer tempo, em decisão fundamentada.

§ 4º O juiz poderá, na hipótese do parágrafo anterior ou na sentença, impor multa diária ao réu, independentemente de pedido do autor, se for suficiente ou compatível com a obrigação, fixando-lhe prazo razoável para o cumprimento do preceito.

§ 5º Para a efetivação da tutela específica ou a obtenção do resultado prático equivalente, poderá o juiz, de ofício ou a requerimento, determinar as medidas necessárias, tais como a imposição de multa por tempo de atraso, busca e apreensão, remoção de pessoas e coisas, desfazimento de obras e impedimento de atividade nociva, se necessário com requisição de força policial.

§ 6º O juiz poderá, de ofício, modificar o valor ou a periodicidade da multa, caso verifique que se tornou insuficiente ou excessiva.

Com efeito, tais normas representam uma das mais importantes inovações introduzidas pelo Código de Processo Civil brasileiro[109], não apenas em razão da sua inquestionável oportunidade, uma vez que o sistema processual revelava-se cada vez mais inadequado para suprir as novas exigências e necessidades das modernas sociedades

---

(109) Nessa linha, assevera Ovídio Baptista que a tutela antecipada "é certamente a mais importante novidade introduzida em nosso direito pelo movimento das recentes reformas em nossa lei processual civil" (SILVA. *Reforma do código de processo civil*, p. 129 *apud* BEDAQUE. *Tutela cautelar e tutela antecipada...* p. 298).
O magistério de Luiz Guilherme Marinoni também não se afasta dessa mesma ordem de ideias: "O que importa é frisar que a tutela antecipatória e a tutela inibitória constituem os mais importantes institutos do processo civil brasileiro contemporâneo, não só porque a tutela antecipatória é fundamental para que a resposta jurisdicional possa ser mais tempestiva, evitando assim a possibilidade de lesão a um direito e o abuso do direito de defesa, mas também porque os novos direitos exigem mais celeridade da jurisdição e uma forma de proteção que possa evitar a sua violação" (MARINONI, Luiz Guilherme. O custo e o tempo do processo civil brasileiro. In: *Revista da Faculdade de Direito da Universidade Federal do Paraná*, Curitiba, v. 37, p. 37-64, jan. 2002, p. 50).

de massas mas, especialmente, porque essas normas representam uma quebra total de paradigma, abandonando categoricamente os princípios fundamentais do processo civil clássico, que não podem mais ser admitidos na atualidade.

Exatamente no mesmo sentido é lapidar o magistério do eminente processualista e ministro do TST José Roberto Freire Pimenta que, com lastro na lição de Teori Albino Zavascki, afirma:

> A universalização do instituto da antecipação de tutela significou muito mais do que uma alteração do procedimento comum ou do que um aperfeiçoamento tópico dos mecanismos de que se utilizava o sistema processual para propiciar tutela jurisdicional. Como disse muito bem *Teori Albino Zavascki*, a reforma por ela representada alterou profundamente a própria estrutura do sistema, representando uma mudança nos rumos ideológicos do processo, na medida em que abandonou definitivamente os princípios fundamentais do sistema processual construído no século XIX sob a égide da ideologia liberal e para atender a valores e necessidades muito diversos daqueles que predominam nas sociedades democráticas, de massas e pós-industriais do início do século XXI. Paralelamente, a clara opção preferencial desse mesmo sistema pela tutela específica das obrigações de fazer e de não fazer (e a consequente colocação da tutela ressarcitória por meio de sua conversão em seu equivalente monetário no último lugar da escala de prioridades) é mais um importantíssimo componente no processo histórico de reforço da efetividade e da própria existência *real* dos direitos substanciais consagrados no ordenamento jurídico e de recuperação do sistema processual como instrumento de atuação do direito objetivo.[110]

É importante perceber que, com a edição dos novos arts. 273 e 461 do CPC, determinados valores e dogmas do Direito Liberal (até então intocáveis) passaram a ser relegados em detrimento do princípio da efetividade da tutela jurisdicional. Como bem assinala José Roberto Freire Pimenta, tal postura provocou uma mudança radical "na estrutura e nos rumos ideológicos do próprio sistema processual brasileiro, na mesma direção dos valores democráticos e igualitários consagrados na Constituição de 1988 – é esta, aliás, a sua maior virtude".[111]

Observa-se, portanto, que as reformas do Código de Processo Civil iniciadas na década de 90 do século XX, ao permitirem ao julgador antecipar em qualquer processo os efeitos práticos do provimento final de mérito, assim como conceder a tutela preventiva e específica das obrigações, significaram importante valorização do princípio da efetividade da tutela jurisdicional. Trata-se de uma postura característica da atual fase instrumentalista da ciência processual brasileira, que se destaca pela preocupação em garantir a efetividade do processo e a sua capacidade de produzir os resultados almejados pela sociedade.[112]

---

(110) PIMENTA. *Direito do trabalho...* p. 357.
(111) *Ibidem*, p. 365.
(112) DINAMARCO. *A instrumentalidade do processo*, p. 323.

De fato, com a generalização da tutela antecipada e específica das obrigações promovida pelos arts. 273 e 461 do CPC, o operador do direito obteve importantes mecanismos processuais para promover, no plano da realidade, a adequada, tempestiva e efetiva tutela dos novos direitos, antes apenas abstratamente previstos pelo ordenamento jurídico. Desse modo, alguns dos graves vazios de tutela verificados no sistema jurisdicional então vigente podem agora ser sanados mediante a intensa utilização das modernas técnicas processuais de antecipação da tutela e da tutela preventiva e específica das obrigações.

2.6.2. A aplicação subsidiária dos arts. 273 e 461 do CPC ao processo do trabalho

A partir das reformas do Código de Processo Civil iniciadas na década de 90 do século XX, o legislador brasileiro universalizou a solução da tutela antecipada e específica das obrigações, antes possível apenas em determinados procedimentos especiais, para todo o sistema processual civil. Sendo inquestionável, portanto, a possibilidade de o julgador conceder de forma generalizada a tutela antecipada e específica das obrigações no âmbito do processo civil, o que dizer, então, da aplicabilidade de tais mecanismos processuais em área tão sensível e carente de instrumentos de efetivação do direito material como a esfera trabalhista?

Primeiramente, cumpre registrar que o instituto da tutela antecipada no direito italiano (que certamente representou uma das fontes inspiradoras para a nova redação dos art. 273 e 461 do CPC) firmou-se como uma técnica processual bem delineada pioneiramente no processo do trabalho, para apenas posteriormente ser utilizada no processo comum. No Brasil, ao contrário, o instituto ingressa no ordenamento jurídico por meio do processo comum, para somente depois cogitar-se de sua aplicação na esfera trabalhista.

Ora, se no direito italiano o processo do trabalho encontra-se em uma posição de vanguarda com relação ao processo comum, no direito brasileiro a situação parece ser exatamente a inversa. O que inegavelmente transparece para os operadores do direito é que o processo do trabalho brasileiro parou no tempo: se antigamente era classificado como progressista, hoje precisa buscar no direito comum os mecanismos processuais idôneos para conferir a efetiva tutela dos direitos trabalhistas.

Dada a importância do processo para a real existência dos direitos substanciais, tal quadro revela, no mínimo, o descaso da política pública com a valorização do trabalho e do emprego no Brasil, postura esta que influi diretamente no constrangedor cenário de exclusão social que se encontra instalado no País.

Contudo, não existem maiores divergências doutrinárias e jurisprudenciais quanto à aplicabilidade dos mecanismos previstos pelos arts. 273 e 461 do CPC no processo do trabalho. A respeito do assunto, assim se pronuncia o ilustre professor da USP Estêvão Mallet:

A ausência de norma disciplinando a antecipação da tutela em demandas trabalhistas, bem como a perfeita compatibilidade de semelhante instrumento com as normas pertinentes a tais demandas, compõem, com perfeição, o suporte para a incidência do art. 769, da CLT.

A propósito do último requisito, vale inclusive ressaltar que em poucos setores adquire, como em matéria trabalhista, tanta relevância a rápida tutela de direitos. Aliás, já houve mesmo quem dissesse caracterizarem-se os direitos trabalhistas pela exposição a prejuízo irreparável quando não satisfeitos de imediato. Tal afirmação veio a ser reforçada por *Cappelletti*, ao observar que, ante a natureza alimentar do salário e a condição geralmente de debilidade econômica do trabalhador, a demora na solução do litígio é uma forma intolerável de denegação de justiça. Na mesma linha, de modo ainda mais enfático, *Proto Pisani* escreve palavras que merecem reprodução. "Il processo del lavoro" – anota ele – "è caratterizzato dalla diseguaglianza economica delle parti, che si riflette sullo svolgimento del processo nel senso che la parte economicamente più debole – in quanto dotata di minori capacita di resistenza e di attesa – subisce della lunghezza del processo danni gravissimi, spesso irreparabili". Por isso, conclui *Proto Pisani*, "è dovere del legislatore, sensibile ai profili sostanziali dell'eguaglianza, individuare gli strumenti tecnici idonei a rimuovere (anche nell'ambito del processo) gli effetti dannosi che derivano dagli ostacoli di ordine economico e sociale che limitano di fatto la libertà e l'eguaglianza dei cittadini".[113]

Nesse mesmo sentido, cumpre transcrever a lição do professor e ministro do TST João Oreste Dalazen:

> Hoje é praticamente consensual a opinião que a *tutela antecipada de mérito* é instituto amplamente recepcionado e bem-vindo ao processo trabalhista. Seja ante a lacuna da legislação processual específica, seja porque se amolda à perfeição aos seus fins e princípios (CLT, art. 769).
>
> [...]
>
> Óbvio que se há processo em que a *morosidade* é absolutamente *intolerável* tal se dá no trabalhista. Nenhum outro convive tão de perto com a pobreza, quando não com a miséria. Logo, retardar a prestação jurisdicional no processo trabalhista pode significar o comprometimento da fonte única de subsistência de uma pessoa e sua família. É *denegação* de Justiça qualificada! (Grifos do autor)[114]

Sabe-se que o tipo de procedimento legalmente estabelecido para o Direito do Trabalho – com a concentração dos atos processuais em uma única audiência, a irrecorribilidade das decisões interlocutórias e o predomínio da oralidade sobre

---

(113) MALLET. *Antecipação da tutela no processo do trabalho*, p. 26-27.
(114) DALAZEN, João Oreste. In: *Revista LTr*, São Paulo, LTr, v. 61, n. 7, p. 875, jul. 1997 apud PIMENTA. *Direito do trabalho...* p. 371.

a palavra escrita – foi concebido com o claro intuito de favorecer a rápida solução dos litígios laborais. Entretanto, cumpre reconhecer que apenas o rito célere imposto pela lei trabalhista, não raramente, revela-se insuficiente para promover a adequada tutela de direitos que, por sua natureza, clamam por uma satisfação urgente ou específica.

Advirta-se, ainda, que a Justiça do Trabalho encontra-se assoberbada por um número excessivo de reclamações trabalhistas, o que influi diretamente em sua incapacidade de tutelar em tempo hábil as controvérsias trabalhistas submetidas à sua apreciação.

Diante deste quadro, é fácil concluir pela total aplicabilidade da tutela antecipada e específica das obrigações na esfera trabalhista. Não somente por ser compatível com os seus princípios e com o propósito do legislador de estabelecer um rito célere para as demandas trabalhistas, mas, principalmente, por encontrar no processo do trabalho campo fértil para a sua incidência, conferindo real proteção a importantes direitos que não são tutelados adequadamente pelo procedimento ordinário.[115]

Contudo, é preciso admitir que existem entendimentos doutrinários que enxergam algumas dificuldades práticas para a aplicação irrestrita da tutela antecipada, mormente nos casos das obrigações de dar (para o pagamento imediato de verbas trabalhistas em geral), em face do "perigo de irreversibilidade do provimento antecipado", condicionando-se a sua concessão à prestação de caução idônea para o levantamento de depósito em dinheiro (art. 273, §§ 2º e 3º, respectivamente).

Ocorre que o perigo de irreversibilidade dos efeitos práticos do provimento não pode constituir, por si só, motivo para o indeferimento da tutela antecipada na esfera trabalhista. É praticamente unânime na doutrina e na jurisprudência o entendimento de que a exigência inserida pelo § 2º do art. 273 não pode ser levada ao extremo, sob pena de se esterilizar esse importante mecanismo processual. Tome-se como exemplo o caso em que um dirigente sindical dispensado pelo empregador requer uma tutela antecipada para promover a sua imediata reintegração no emprego. Aqui, é patente a irreversibilidade dos efeitos práticos do provimento antecipatório: ora, restituir ao empregador as verbas trabalhistas despendidas com a reintegração é relativamente fácil, mas como devolver ao operário o trabalho já executado neste período? Nessa hipótese, e em várias outras, a restauração do *status quo* será impossível.

Como anota José Carlos Barbosa Moreira, é preciso perceber que em determinadas situações de direito substancial a proibição de antecipar a tutela pode acarretar um prejuízo também irreversível. Por isso, conclui o ilustre jurista:

> Efeitos irreversíveis podem surgir, portanto, quer no caso de conceder-se, quer no de negar-se a antecipação. É mister encontrar uma saída para esse beco. E a atitude mais razoável consistir (*sic*) em proceder a uma valoração comparativa dos riscos; em outras palavras, balancear os dois males, para escolher o menor.[116]

---
(115) MALLET. *Antecipação da tutela no processo do trabalho*, p. 27.
(116) MOREIRA. *Revista Síntese de Direito Civil e Processual Civil*, p. 9.

Exatamente nessa mesma ordem de ideias são incisivas as palavras de Luiz Guilherme Marinoni:

> Em se tratando de tutela antecipatória urgente, deve ser possível o sacrifício, ainda que de forma irreversível, de um direito que pareça improvável em benefício de outro que pareça provável. Em resumo, se não há outro modo para evitar um prejuízo irreparável a um direito que se apresenta como provável, deve-se admitir que o juiz possa provocar um prejuízo irreparável ao direito que lhe parece improvável. Nestes casos deve ocorrer a ponderação dos bens jurídicos em jogo, aplicando-se o princípio da proporcionalidade, pois quanto maior for o valor jurídico do bem a ser sacrificado, tanto maior deverá ser a probabilidade da existência do direito que justificará o seu sacrifício.[117]

Com relação à necessidade de caução idônea para o levantamento de depósito em dinheiro, cumpre observar que o art. 475-O do CPC (incluído pela Lei n. 11.232/2005, que também revogou o art. 588 do CPC), em seu § 2º, inciso I, estabelece que caução poderá ser dispensada "quando, nos casos de crédito de natureza alimentar ou decorrente de ato ilícito, até o limite de sessenta vezes o valor do salário mínimo, o exequente demonstrar situação de necessidade".

Registre-se que, diante da natureza nitidamente alimentar das verbas trabalhista, tal situação é frequentemente verificada no processo do trabalho, bastando o autor comprovar o estado de necessidade para que a prestação de caução para o levantamento de depósito em dinheiro seja dispensada. Lembre-se, ainda, que a prática forense revela que em quase a totalidade das ações proposta na Justiça do Trabalho trata-se o autor de um trabalhador que teve o seu contrato de trabalho rescindido, encontrando-se, não raramente, desempregado, o que geralmente já atesta seu estado de necessidade.[118]

---

(117) MARINONI. *Efetividade do processo e tutela de urgência*, p. 61-62.
(118) Neste sentido já decidiu o Tribunal Regional do Trabalho da 3ª Região: "Execução provisória. Art. 475-O do Código de Processo Civil. Sua aplicabilidade subsidiária, 'a fortiori', no processo do trabalho. A profunda revolução conceitual e de paradigmas que as sucessivas e graduais reformas do processo civil brasileiro promoveram a partir da última década do século passado, principalmente através da generalização da possibilidade da antecipação dos efeitos da tutela pretendida no pedido inicial e na priorização da tutela específica dos direitos sobre a meramente ressarcitória em pecúnia através dos novos arts. 273 e 461 do CPC, passou por sua vez a exigir a modernização do sistema de execução provisória das sentenças, proferidas após cognição exauriente, de modo a conferir-lhes efetividade pelo menos equivalente à das decisões antecipatórias, de caráter necessariamente provisório e produto de cognição apenas sumária. Isto se fez inicialmente pela alteração da redação do art. 588 daquele mesmo Código, através da Lei n. 10.444/2002, e em seguida pela Lei n. 11.232/2005, que revogou este preceito mas incorporou seu conteúdo, com mais avanços, ao novo art. 475-O do CPC, hoje em vigor. Por seu intermédio, é possível, ainda em sede de execução provisória, autorizar-se o exequente a levantar depósito em dinheiro e praticar-se atos que importem alienação de propriedade ou dos quais possa resultar grave dano ao executado mesmo sem caução, nos casos de crédito de natureza alimentar ou decorrente de ato ilícito, desde que respeitado o limite de sessenta vezes o valor do salário mínimo e o exequente demonstre situação de necessidade (art. 457-O e seu § 2º, do CPC). Sendo os créditos trabalhistas de indiscutível natureza alimentar, a aplicação subsidiária desta norma processual comum ao processo do trabalho dá-se 'a fortiori', diante da existência de lacuna a esse respeito nas normas de processo do trabalho e por sua evidente compatibilidade com os

Ademais, a edição do § 6º do art. 273 do CPC, acrescentado pela Lei n. 10.444/2002, permitiu ao julgador antecipar a realização de um pedido, ou sua parcela, quando este mostrar-se incontroverso (de acordo com os termos da defesa apresentada pelo réu) durante o transcorrer da marcha processual. Nessa hipótese, poderá o juiz do trabalho determinar que o reclamado pague imediatamente o valor correspondente ao direito incontroverso, tornando-se, assim, praticamente indiscutível a possibilidade de aplicação da antecipação da tutela com o intuito de promover o pagamento imediato de verbas trabalhistas em geral.

Contudo, no campo das obrigações de fazer e de não fazer, em que o Direito do Trabalho é tão rico, a literatura especializada é uníssona ao afirmar a plena aplicabilidade da tutela antecipada e específica na esfera trabalhista.

Nesse sentido, o ilustre professor da PUC-MG José Roberto Freire Pimenta indica algumas situações de inegável importância prática em que os instrumentos processuais estabelecidos pelos art. 273 e 461 do CPC poderão desempenhar significativo papel no âmbito da Justiça do Trabalho:

a) quando o empregador tiver como obrigação alterar a organização de seu processo produtivo ou instalar equipamentos gerais de proteção à saúde e à segurança de seus empregados, considerados tecnicamente indispensáveis para eliminar ou para atenuar a insalubridade ou a periculosidade existentes no ambiente de trabalho;

b) quando a empresa deixar de cumprir espontaneamente as obrigações de fazer ou de não fazer que tenham sido avençadas em termos de ajuste de conduta firmados perante o Ministério Público do Trabalho que, nos termos do art. 876 da CLT, na nova redação que lhe deu a Lei n. 9.958/2000, têm a natureza de títulos executivos extrajudiciais (não se podendo afastar, *a priori*, a possibilidade de se conceder tutela antecipatória mesmo em sede de execução, caso se comprove o perigo da ocorrência de prejuízo irreparável ou de difícil reparação caso seja necessário aguardar o normal desenvolvimento do procedimento executivo tradicional);

c) quando o demandado estiver comprovadamente praticando atos ilícitos capazes de lesar direitos e interesses individuais homogêneos de um número expressivo, embora indeterminado, de trabalhadores (por exemplo,

---

princípios protetores que são a própria razão de ser do ordenamento jurídico trabalhista (CLT, art. 769). Estando o exequente comprovadamente enfermo e sem mais receber, na atualidade, qualquer benefício previdenciário, a liberação imediata a seu favor, por alvará, dos valores constantes dos autos a título de depósito recursal, nos termos do art. 475-O do CPC e seu § 2º, é medida que concretiza, no plano trabalhista, o princípio constitucional da efetividade da tutela jurisdicional e desestimula o uso de recursos desnecessários e meramente protelatórios. Agravo de petição provido" (BRASIL. Tribunal Regional do Trabalho da 3ª Região. Processo n. 00608-2007-153-03-00-6 AP. Agravante: Paulo Roque. Agravado: Proluminas Lubrificantes Ltda. Relator original: Desembargadora Lucilde D'Ajuda Lyra de Almeida. Relator para o Acórdão: Desembargador José Roberto Freire Pimenta. *DJMG*: 22 nov. 2008, p. 17. Disponível em: <http://as1.trt3.jus.br/jurisprudencia/acordaoNumero.do?evento=Detalhe&idAcordao=660780&codProcesso=655663&datPublicacao=22 nov.2008&index=0>).

fornecendo-os a outras empresas, como verdadeira mão de obra terceirizada, em condições de trabalho claramente enquadradas na definição legal de empregado estabelecida pelo art. 3º da CLT mas sob falsa roupagem de integrantes de cooperativas de serviço ou quando o empregador exigir de seus empregados, de forma contínua e permanente, a prática diária de horas extras, seja configurando habitualidade ou permanência lógica e legalmente vedada, seja ultrapassando sempre o limite legal de duas horas por dia), ensejando, ao menos em tese, a utilização da ação civil pública ou de reclamações trabalhistas de cunho individual (com fundamento no art. 461 da CPC) visando a reprimir e a obter o ressarcimento pelas lesões já praticadas mas, principalmente, *inibir* a prática futura e reiterada dessa conduta ilícita;

d) quando se tratar de obrigação de não discriminar, decorrente da aplicação do art. 1º da Lei n. 9.029/95, que proíbe expressamente a adoção de qualquer prática discriminatória e limitativa para efeito de acesso à relação de emprego, por motivo de sexo, origem, raça, cor, estado civil, situação familiar ou idade, ou do inciso XXXI do art. 7º da Constituição, que proíbe qualquer discriminação quanto a salário ou a critérios de admissão de trabalhador portador de deficiência;

e) quando se tratar da obrigação de contratar decorrente da aplicação de normas legais ou coletivas que reservem percentual de cargos e empregos públicos ou privados para pessoas portadoras de deficiência;

f) para impedir a prática, pelo empregador, de atos antissindicais contra as entidades representativas dos trabalhadores, contra a livre organização sindical e o livre exercício dos direitos sindicais de seus próprios empregados e contra o seu direito de greve, assegurados pelos arts. 8º e 9º da Constituição;

g) quando for necessário impedir a adoção pelo empregador de práticas e métodos de controle da atuação e conduta dos trabalhadores no serviço, ou na entrada e saída do mesmo (*sic*), que sejam ofensivos à sua honra, dignidade ou privacidade (através, por exemplo, de revistas pessoais e coletivas que tenham caráter vexatório ou da instalação de instrumentos visuais ou auditivos que impliquem no controle permanente ou periódico das atividades do empregado pelo empregador ou por seus prepostos).[119]

Destarte, sendo inequívoca a plena aplicabilidade da tutela antecipada e específica das obrigações na seara laboral, cumpre analisar em seguida a relevância da franca utilização desses importantes mecanismos processuais para a prestação jurisdicional trabalhista, assim como seus efeitos práticos sobre o próprio direito substancial do trabalho.

---

(119) PIMENTA. *Direito do trabalho...* p. 374-376.

2.6.3. Os efeitos da ampla utilização da tutela antecipada e específica das obrigações na esfera trabalhista

Com a edição dos novos arts. 273 e 461 do CPC, aplicados subsidiariamente ao processo do trabalho por força do art. 769 da CLT, aquelas situações de direito material trabalhista que necessitavam de intervenção judicial imediata, sob pena de perecimento do próprio bem jurídico objeto do litígio, ou que, diante da evidência do direito, não se justificava submeter o autor às delongas do processo ordinário para obter o bem da vida perseguido, inegavelmente passaram a ter, ao menos potencialmente, efetiva e adequada tutela jurisdicional, com a capacidade de tornar realidade os inúmeros "direitos de papel" proclamados pelo legislador na esfera trabalhista.

É importante lembrar que o Direito do Trabalho regula um dos instrumentos mais relevantes de produção de riqueza no mundo, representando, não raramente, a principal forma de sobrevivência para muitos cidadãos.[120] Esse ramo jurídico especializado convive de perto com direitos de nítida natureza alimentar, que não toleram nenhuma dilação temporal para a sua efetivação, sob pena de comprometer talvez a única forma de subsistência do trabalhador.

Nessa linha, não se pode negar a excelsa função que o instituto da tutela antecipada poderá assumir no sistema de tutela jurisdicional trabalhista, permitindo ao julgador, diante de uma situação de urgência ou de evidência, antecipar os efeitos do provimento final de mérito, ainda que sob o pálio da provisoriedade. Dada a inadequação do procedimento comum laboral para tutelar efetivamente inúmeras situações de direito substancial, tal mecanismo processual tem o potencial para corrigir verdadeiras injustiças rotineiramente observadas na prática forense trabalhista.

Ademais, sabe-se que, atualmente, um dos grandes desafios da Justiça Laboral é conferir adequada tutela aos direitos trabalhistas, cuja ampla maioria envolve direitos sociais de nítido cunho fundamental, previstos pela Constituição da República de 1988.

É inegável que os direitos fundamentais dos trabalhadores, os quais possuem, em sua quase totalidade, característica de direitos de finalidade não patrimonial, não encontram adequada tutela na técnica ressarcitória. Com efeito, a única forma de conferir uma tutela jurisdicional efetiva para tais direitos é mediante a utilização de técnicas processuais com a aptidão de evitar as lesões antes mesmo que elas ocorram ou de repará-las plenamente, de forma específica.

Certamente, o Direito do Trabalho não se esgota no caráter sinalagmático do pacto empregatício, em que, de um lado, o empregado disponibiliza a sua força de

---

(120) Como bem observado pelos autores Jorge Luiz Souto Maior e Marcus Orione Gonçalves Correia, "o alegado capitalismo financeiro não passa de um jogo em que a riqueza existente muda de mãos. Por óbvio, dinheiro não faz dinheiro. Se alguém ganha, alguém perde e por trás de tudo, da riqueza produzida, está o trabalho de alguém, seja no Brasil, na África, na China ou em qualquer outro lugar" (MAIOR, Jorge Luiz Souto; CORREIA, Marcus Orione Gonçalves. O que é direito social? In: CORREIA, Marcus Orione Gonçalves (Coord.). *Curso de direito do trabalho*, v. 1: teoria geral do direito do trabalho. São Paulo: LTr, 2007, p. 31).

trabalho e, do outro, como contrapartida, o empregador paga pelos serviços prestados. Existem outros valores essenciais ao homem que, mesmo não estando diretamente ligados a obrigações pecuniárias (exercendo, pois, clara função não patrimonial), clamam também por uma prestação jurisdicional efetiva no ramo justrabalhista. Nessa mesma linha de raciocínio, é lapidar o magistério de José Roberto Freire Pimenta:

> [...] os atos ilícitos praticados pelos empregadores, em tais circunstâncias, não lesam apenas o direito dos empregados de receberem suas remunerações e demais vantagens pecuniárias decorrentes do seu contrato de trabalho [...].
>
> Trata-se, em casos como esses, de tutelar a vida, a saúde, a segurança, a honra, a privacidade, o direito a não ser discriminado, o direito de se sindicalizar, o direito de fazer greve e outros direitos de igual estatura constitucional e de igual relevância política, social e econômica. Diante da importância desses direitos, não se pode ter dúvidas, em uma sociedade que se pretenda democrática e civilizada, acerca da necessidade deles serem sempre tutelados de forma específica – o que equivale a dizer que, pelo menos em princípio, será constitucionalmente inadmissível permitir que os empregadores continuem, na prática, a lesar tais direitos para terem apenas que, ao final de um procedimento de cognição exauriente, ressarcir os trabalhadores lesados por meio do pagamento do montante pecuniário correspondente, quase sempre de difícil mensuração e, portanto, insuficiente para reparar as lesões por eles sofridas. Como já se disse insistentemente, tal concepção equivale a admitir que os empregadores têm o direito de "expropriar" os direitos trabalhistas fundamentais de seus empregados, desde que tenham recursos suficientes para tanto e se disponham a fazê-lo – tal entendimento, como é óbvio, não é compatível com os princípios fundamentais do Estado de Direito Democrático e das Constituições, como a brasileira de 1988, que os consagram.[121]

Exatamente no mesmo sentido manifesta-se Luiz Guilherme Marinoni, discorrendo sobre a importância da tutela inibitória para a proteção dos direitos não patrimoniais e dos direitos patrimoniais que não encontram adequada tutela por meio de dinheiro:

> Ora, se deseja-se realmente a tutela desses direitos, não é possível não admitir a tutela inibitória; não aceitar a tutela inibitória, nesses casos, é o mesmo que admitir que qualquer um pode violar esses direitos, desde que se disponha a pagar por eles. Na realidade, a tutela inibitória é imprescindível para não se admitir a expropriação de referidos direitos. As normas que consagram tais direitos somente tem (sic) efetividade, deixando de ser normas com mera função demagógica e mistificadora, a partir do momento que possuem, do seu lado, uma tutela que impeça a violação dos direitos por elas afirmados.[122]

---

(121) PIMENTA. *Direito do trabalho...* p. 378-379.
(122) MARINONI. *Revista da Faculdade de Direito da Universidade Federal do Paraná*, p. 49.

Daí a razão de se afirmar que a tutela preventiva e específica das obrigações assume especial relevância na esfera trabalhista, em que a tutela repressiva, não raramente se revela inadequada para assegurar uma prestação jurisdicional efetiva, em conformidade com os ditames constitucionais que garantem a todos os cidadãos, indistintamente, o acesso pleno à Justiça.

Nesse sentido, sendo inquestionável a imprescindibilidade dos mecanismos de tutela antecipada e específica das obrigações de fazer e de não fazer para o sistema de tutela jurisdicional trabalhista, o processualista mineiro José Roberto Freire Pimenta aponta três principais efeitos que a ampla utilização desses instrumentos processuais acarretará na seara trabalhista:

a) a eliminação ou, ao menos, a significativa diminuição das vantagens práticas, econômicas e jurídicas advindas do descumprimento das obrigações trabalhistas;

b) o controle jurisdicional da autotutela empresária – até hoje incontrastada, na prática – nos campos do poder disciplinar e do poder diretivo do empregador;

c) a eliminação dos "vazios de tutela" representados pela previsão em abstrato, nas normas trabalhistas materiais, de direitos sociais que, na prática, nunca ou quase nunca foram respeitados, por falta de instrumentos processuais idôneos para a sua atuação coativa específica em caso de violação – o que, por sua vez, implicará, no plano substancial, em uma maior e verdadeira equalização das partes da relação de emprego, concretizando, no âmbito interno das empresas e nos locais de trabalho, o princípio constitucional da isonomia.[123]

Com relação à diminuição das vantagens econômicas, práticas e jurídicas advindas da habitual inobservância das normas trabalhistas, mister destacar que, a partir do momento em que o empregador perceber que, por absoluta falta de alternativa, o melhor será cumprir a legislação trabalhista do que descumpri-la, menor será a necessidade de atuação da máquina jurisdicional e, consequentemente, maior eficácia e efetividade terão os direitos materiais trabalhistas.

Ora, sabe-se que a capacidade do Estado em conceder uma prestação jurisdicional efetiva e tempestiva influi diretamente no índice de cumprimento espontâneo das normas consagradas pelo ordenamento jurídico. Com efeito, uma Justiça lenta e de baixa qualidade constitui um enorme incentivo para quem inescrupulosamente opta por descumprir a legislação. Nessa perspectiva, os mecanismos processuais de tutela antecipada e específica das obrigações podem exercer um significativo papel no cotidiano forense trabalhista, uma vez que aumentam substancialmente a efetividade da prestação jurisdicional, tornando menos vantajoso para os empregadores, principalmente do ponto de vista econômico, descumprir normas constitucionais e legais trabalhistas que estabelecem direitos fundamentais em favor dos trabalhadores.

---

(123) PIMENTA. *Direito do trabalho...* p. 380.

A respeito da aptidão da tutela antecipada e específica das obrigações em promover o controle jurisdicional da autotutela empresarial, é importante lembrar que o poder diretivo não está sujeito a nenhum tipo de controle judicial prévio. De fato, as determinações provenientes do poder empregatício possuem aplicabilidade imediata e são dotadas de presunção de legitimidade, podendo sofrer verificação e controle judicial somente *a posteriori*.[124]

Ocorre que existem casos específicos que, em razão da natureza do direito afirmado ou de flagrante risco de dano irreparável, exigem uma tutela jurisdicional que seja capaz de inibir a prática, a continuação ou a reiteração de um ilícito decorrente do exercício do poder empregatício ou, mesmo, de antecipar os efeitos práticos do provimento final de mérito, sob pena de perecimento da posição jurídica de vantagem lesada ou ameaçada por uma ordem ou determinação empresarial.

Nessas situações, os mecanismos previstos pelos arts. 273 e 461 do CPC assumem destacada relevância para a realização da efetiva tutela jurisdicional de direitos fundamentais dos trabalhadores atingidos pelo exercício do poder empregatício, permitindo-se, por via de consequência, um controle jurisdicional mais eficaz da autotutela empresária, no campo tanto do poder disciplinar quanto do poder diretivo do empregador.

Exatamente nessa mesma linha de raciocínio o ilustre professor José Roberto Freire Pimenta, referindo-se ao entendimento doutrinário e jurisprudencial da Espanha, mas perfeitamente aplicável à realidade processual brasileira, manifesta-se a favor da franca utilização da tutela antecipada e específica das obrigações de fazer e de não fazer para promover o "controle jurisdicional negativo sobre a atividade organizativa e sancionadora do empresário". E completa:

> E é aqui que adquire especial relevância o direito à tutela cautelar (e antecipatória), visto de forma expressa naquele primeiro país [Espanha], pela doutrina e jurisprudência, como um contraponto adequado a esse poder empresarial que se pressupõe legítimo, é imediatamente executivo e tem a capacidade de modificar o estado de coisas da relação de emprego (situação nova que em princípio perdurará enquanto não for proferida sentença que a declare ilegal, decisão judicial que pode demorar bastante e que, por isso mesmo, pode dar ensejo ao surgimento de um *periculum in mora* que autorize a intervenção jurisdicional de urgência).[125]

Por fim, quanto à eliminação dos vazios de tutela jurisdicional trabalhista, é preciso ressaltar que o procedimento comum trabalhista, fundado na cognição plena e exauriente que tem como resultado natural uma proteção jurisdicional meramente pecuniária, mostra-se inadequado para tutelar efetivamente um número enorme de direitos substanciais trabalhistas de natureza fundamental e não patrimonial.

---

(124) *Ibidem*, p. 384.
(125) *Idem*.

Com a generalização da tutela antecipada e específica das obrigações no sistema processual brasileiro, tais direitos passaram a encontrar instrumentos processuais com o potencial de conferir uma tutela jurisdicional realmente adequada a suas especificidades, além de possuírem a inquestionável vantagem de não ignorar eventuais posições de fragilidade social reveladas no plano da realidade empírica. Certamente, com a edição dos novos arts. 273 e 461 do CPC, o julgador passou a ter à sua disposição mecanismos processuais adequados às reais necessidades do direito material trabalhista, o que pode significar incontestável contribuição para se eliminar (ou pelo menos diminuir) o enorme déficit de tutela jurisdicional verificado no cotidiano da Justiça do Trabalho.

É por isso que os operadores do direito não podem ter receio de utilizar esses importantes mecanismos processuais que o legislador veio em boa hora estabelecer. Com efeito, não se discute o potencial de tais instrumentos para promover substancial aumento na efetividade da tutela jurisdicional, mormente na esfera trabalhista, elevando-a um patamar qualitativo nunca antes alcançado pelo Estado brasileiro. Nesse sentido, calha colacionar as brilhantes e persuasivas palavras de Luiz Guilherme Marinoni a respeito do instituto da tutela antecipada, mas perfeitamente aplicáveis aos demais instrumentos processuais analisados neste trabalho:

> É preciso, portanto, que os operadores do Direito compreendam a importância do novo instituto e o usem de forma adequada. Não há razão para timidez no uso da técnica antecipatória, pois o remédio surgiu para eliminar um mal que já está instalado. É necessário que o magistrado compreenda que não pode haver efetividade, em muitas hipóteses, sem riscos. A tutela antecipatória permite perceber que não é só a ação (o agir, a antecipação) que pode causar prejuízo, mas também a omissão. O juiz que se omite e tão nocivo quanto o juiz que julga mal. Prudência e equilíbrio não se confundem com medo, e a lentidão da Justiça exige que o juiz deixe de lado o comodismo do velho procedimento ordinário – no qual alguns imaginam que ele não erra – para assumir as responsabilidades de um novo juiz, de um juiz que trata dos "novos direitos" e que também tem que entender – para cumprir sua função sem deixar de lado a sua responsabilidade ética e social – que as novas situações carentes de tutela não podem, em casos não raros, suportar o mesmo tempo que era gasto para a realização dos direitos de sessenta anos atrás, época em que foi publicada a célebre obra de Calamandrei, sistematizando as providências cautelares.[126]

Entretanto, importa reconhecer que, não obstante a salutar função que essas importantes técnicas processuais podem assumir no sistema de tutela jurisdicional trabalhista, a falta de pesquisas idôneas que atestem a frequência com que tais instrumentos estão sendo utilizados no dia a dia da Justiça do Trabalho, para que espécie de pretensão têm proporcionado satisfação, assim como que tipo

---

(126) MARINONI. *Antecipação da tutela*, p. 21.

de litigante está deles fazendo uso, impede a constatação dos seus reais efeitos sobre a efetivação dos direitos substanciais trabalhistas. Se as pesquisas vierem a ratificar as esperanças depositadas nesses instrumentos processuais, ótimo; caso contrário, a comunidade jurídica deverá estar preparada para renunciar às ilusões e promover as adaptações necessárias para que eles passem a exercer, na prática, a importante missão a que se destinam.[127]

---

(127) MOREIRA. *Revista Síntese de Direito Civil e Processual Civil*, p. 12-13.

3. EFETIVAÇÃO DAS DECISÕES JUDICIAIS ANTECIPATÓRIAS, CAUTELARES E INIBITÓRIAS

3.1. Técnica executiva e o direito fundamental à tutela jurisdicional efetiva

Pode-se afirmar que o direito fundamental à tutela jurisdicional efetiva se desdobra em três dimensões, que se relacionam e se completam: o direito de acesso pleno ao órgão jurisdicional; o direito ao processo sem dilações indevidas; e o direito à eficácia da decisão jurisdicional. Sem qualquer dessas dimensões tal direito fundamental não se realiza totalmente, transformando-se em mera ilusão legislativa.[128]

Com efeito, para que se tenha o pleno desenvolvimento da atividade estatal de solução de conflitos de interesses, é estritamente necessário que, primeiramente, se assegure o acesso de todos os cidadãos ao Poder Judiciário; posteriormente, que essa atividade jurisdicional seja prestada de maneira tempestiva; e, por fim, que a posição jurídica de vantagem reconhecida pelo Estado-Juiz seja concreta e efetivamente satisfeita.

Lembre-se que, ao vedar a autotutela privada, o Estado obrigou-se a garantir que as normas de direito substancial previstas pelo ordenamento jurídico fossem realmente efetivas – ou seja, cumpridas e concretamente aplicadas pelos seus destinatários. Nessa linha, é intuitivo que a ausência ou a deficiência de alguma das citadas dimensões da atividade jurisdicional resulta na própria ineficácia da função pacificadora dos conflitos assumida pelo Estado, não se concretizando na prática o direito de acesso à Justiça conforme estabelecido pela Lei Maior.

A execução da decisão judicial, portanto, constitui o desfecho da prestação da tutela jurisdicional, responsável pela produção dos resultados pleiteados pela parte no mundo exterior ao processo. É por isso que se afirma que não se tem tutela plena sem a realização do direito reconhecido em juízo. Nessa mesma ordem de ideias, é conclusivo o magistério de Cármen Lúcia Antunes Rocha:

> Não basta que se afirme o direito no litígio dado a exame do Estado. É necessário que a decisão seja executada, que o seu conteúdo se realize e que o direito nela afirmado seja aplicado. A solução do caso julgado depende da execução da decisão jurisdita. Não se desfaz a lide pela afirmação do direito, ressalvado em casos especiais e quando o objeto da ação ajuizada

---

(128) ROCHA. *As garantias do cidadão na justiça*, p. 41.

seja declará-lo. A dicção jurisdicional não realize o ideal do direito, embora afirme-lhe o sentido. Mas o seu aperfeiçoamento necessita da execução do quanto afirmado na sentença proferida. A jurisdição completa-se, pois, quando a decisão prolatada ganha eficácia, vale dizer, produz os efeitos e as modificações no mundo a que ela se propõe. Sentença sem eficácia é jurisdição sem vida. A ineficácia da decisão jurisdicional frauda o direito afirmado e, principalmente, frustra o próprio direito à jurisdição constitucionalmente assegurado. A prolação da decisão pelo julgador não assegura por si a modificação da realidade que desfaz a anterior – de litígio – por uma outra de harmonia social. O efeito da sentença é que aperfeiçoa esta modificação e faz o direito valer na situação dada à jurisdição. Quando, entretanto, o processo finda e o seu desdobramento lógico e necessário, garantidor do direito à jurisdição – e que é a produção dos efeitos da decisão pela sua execução –, não se faz sentir, ocorre a fraude que torna a afirmação processual do direito uma ficção (mentira), na qual se desconsidera o sistema jurídico todo pela lesão de garantia substancial, qual seja, a da jurisdição, desde o seu primeiro momento – o acesso aos órgãos institucionais competentes a promover a sua prestação – até o seu momento final – o da execução da sentença. Somente nesta última etapa se tem a eficácia do direito dito pelo Estado.[129]

O que o direito fundamental à tutela jurisdicional efetiva almeja é, basicamente, a tutela efetiva das situações jurídicas de vantagem estabelecidas pelo legislador. Acontece que, se determinadas situações de direito substancial são efetivamente tuteladas com a prolação de uma sentença satisfativa (declaratória ou constitutiva), outras não são. É preciso reconhecer que a tutela do direito não é prestada por sentenças que dependem de execução, como a que determina a inibição de um ilícito, a reintegração no emprego, a remoção de um ilícito ou a condenação ao pagamento de verbas trabalhistas em geral. Do mesmo modo, é óbvio que a simples prolação de uma decisão judicial antecipatória ou cautelar não é capaz de realizar, mesmo que provisoriamente, a pretensão de direito material pleiteada pela parte, sendo a medida executiva geralmente indispensável para conferir efetividade a essa tutela jurisdicional liminarmente concedida.

Por essa razão, afirma-se que o direito fundamental à tutela jurisdicional efetiva tem como seu corolário inafastável o direito à utilização dos instrumentos processuais idôneos para promover a plena realização do direito material.[130]

É evidente que, para a perfeita escolha dos mecanismos processuais de efetivação da tutela, o julgador deverá estar sempre atento às especificidades e às necessidades do direito material afirmado em juízo. Nesse sentido, Luiz Guilherme Marinoni e Sérgio Cruz Arenhart afirmam:

---
(129) *Idem*.
(130) MARINONI, Luiz Guilherme; ARENHART, Sérgio Cruz. *Curso de processo civil*. v. 3: execução. 2. ed. rev. e atual. 4. tir. São Paulo: Revista dos Tribunais, 2008. p. 58.

Não há dúvida de que a técnica processual, aí incluídas a espécie de sentença e os meios executivos, devem variar segundo a natureza do direito material a ser tutelado. É por isso que não basta uma única sentença dependente de meios executivos, ou uma única sentença não-satisfativa.

Não basta, como pensou a doutrina clássica, que a sentença não-satisfativa fosse equiparada a uma sentença que condena a uma prestação. Isto porque nem todo direito material afirmado em juízo é um direito obrigacional, que depende de uma prestação, ou um direito material que se contenta com uma prestação do demandado.

Há situações de direito substancial que, como já visto, exigem apenas que se iniba a prática de um ato, assim como direitos a tutelas que, uma vez reconhecidos, exigem a prática de atos de execução apenas para implementá-las e não para realizar forçadamente a prestação que deveria ter cumprida pelo réu.[131]

A ideia de que basta um único procedimento e uma única espécie de sentença para todas as situações de direito substancial, seguida de meios executivos tipificados de maneira exaustiva, que invariavelmente devem servir à execução de toda e qualquer tutela jurisdicional, trata-se de uma concepção do Estado Liberal que pregava o unitarismo procedimental em nome da liberdade e da igualdade formais (valores proclamados como fundamentais naquela época).

Observa-se que tal construção ideológica só é possível a partir do momento em que se busca uma completa abstração do processo em relação ao direito material, postura esta que não se harmoniza mais com a atual fase instrumentalista substancial em que se encontra a ciência processual.

Na medida em que o processo constitui instrumento para a efetivação do direito material, obviamente o legislador não pode ignorar as necessidades do plano substancial no momento de conceber as técnicas processuais idôneas à prestação da tutela jurisdicional dos direitos.

Nessa perspectiva, sendo os meios executivos técnicas processuais para a prestação da adequada tutela dos direitos, devem eles também se ajustar às reais necessidades de tutela do direito substancial afirmado em juízo. Daí a razão de se afirmar que o direito ao meio executivo adequado é parte essencial do direito fundamental à efetividade da jurisdição.

De fato, para a concretização da tutela jurisdicional efetiva, é imprescindível que o resultado proporcionado pelo processo seja o mais próximo possível daquele que se teria com o cumprimento espontâneo do direito material. Trata-se da consagrada fórmula do "tutto quello", de Chiovenda, que foi recentemente denominada pelo eminente processualista José Carlos Barbosa Moreira de "postulado da máxima

---

(131) MARINONI; ARENHART. *Curso de processo civil...* p. 59.

coincidência possível".⁽¹³²⁾ Nesse contexto, para a perfeita atuação da atividade jurisdicional é indispensável também a concepção de meios executivos ajustados às necessidades do direito material.

É exatamente no mesmo sentido a lição de Marcelo Lima Guerra:

> No âmbito do processo de execução, o postulado da maior coincidência possível impõe, fundamentalmente, que o ordenamento jurídico ofereça um sistema de tutela executiva tendencialmente completo e pleno. Isso quer dizer que o ordenamento deve prever e colocar à disposição dos jurisdicionados meios executivos adequados e suficientes para proporcionar, dentro do que for prática e juridicamente possível, a exata satisfação de todos os direitos julgados merecedores de tutela executiva e, por isso mesmo, consagrados em títulos executivos.
>
> [...]
>
> É fácil compreender, portanto, que se reveste da maior importância a caracterização da *exigência de um sistema tendencialmente completo de tutela executiva* como integrando o conteúdo do *direito fundamental à tutela jurisdicional efetiva*, pois esse mesmo direito passa a ser, precisamente, o fundamento jurídico que confere ao juiz o poder-dever de, para atender àquela exigência, determinar os meios executivos aptos a proporcionar uma tutela integral de qualquer direito consagrado em título executivo.⁽¹³³⁾

Destarte, a toda situação de direito substancial carente de tutela deve corresponder um meio executivo adequado a suas reais necessidades verificadas no plano empírico, apto a conferir a efetiva atuação do direito reconhecido em sentença ou vislumbrado em decisão judicial antecipatória ou cautelar. Entretanto, como é impossível para o legislador instituir previamente todos os meios executivos necessários em conformidade com a enorme pluralidade de situações de direito material carentes de tutela, foram criadas regras processuais abertas

---

(132) MOREIRA, José Carlos Barbosa. Tendências na execução de sentenças e ordens judiciais. In: MOREIRA, José Carlos Barbosa. *Temas de direito processual* – quarta série. São Paulo: Saraiva, 1989, p. 215 e ss. *apud* GUERRA, Marcelo Lima. *Execução indireta*. 1. ed. 2. tir. São Paulo: Revista dos Tribunais, 1999, p. 55.
(133) GUERRA. *Execução indireta*, p. 55-56. Esse mesmo autor, em obra posterior, é ainda mais incisivo a respeito da importância da técnica executiva para a concretização do direito fundamental à tutela jurisdicional efetiva, conferindo também à tutela executiva *status* de direito fundamental. Nesse contexto, discorre com excelência sobre o conteúdo do *direito fundamental à tutela executiva*:
"No presente trabalho, o que se denomina *direito fundamental à tutela executiva* corresponde, precisamente, à peculiar manifestação do postulado da máxima coincidência possível no âmbito da tutela executiva. No que diz com a prestação de tutela executiva, a máxima coincidência traduz-se na exigência de que existam meios executivos capazes de proporcionar a satisfação integral de qualquer direito consagrado em título executivo. (Grifos do autor) É a essa exigência, portanto, que se pretende 'individualizar', no âmbito daqueles valores constitucionais englobados no 'due process', denominando-a *direito fundamental à tutela executiva* e que consiste, repita-se, na exigência de um sistema completo de tutela executiva, no qual existam meios executivos capazes de proporcionar pronta e integral satisfação a qualquer direito merecedor de tutela executiva" (Grifos do autor) (GUERRA, Marcelo Lima. *Direitos fundamentais e a proteção do credor na execução civil*. São Paulo: Revista dos Tribunais, 2003, p. 102).

que outorgam ao julgador o poder de escolher a técnica processual adequada às especificidades do direito material e às eventuais particularidades observadas no plano fático.

Como bem acentuam Luiz Guilherme Marinoni e Sérgio Cruz Arenhart, são exemplos de regras processuais abertas o § 5º do art. 461 e os §§ 2º e 3º do art. 461-A do CPC, pois permitem ao julgador escolher "a modalidade executiva adequada ao caso concreto, acabando por permitir a concretização da modalidade executiva conforme as particularidades da tutela do direito a ser prestada".[134]

A edição de tais regras significou uma evidente ruptura com o princípio da tipicidade dos meios executivos[135], de raiz nitidamente liberal. Nessa perspectiva, a ciência processual brasileira passou a adotar uma postura instrumentalista de relativização do binômio direito-processo, com o objetivo de adequar os meios executivos às necessidades de tutela de diferentes situações de direito substancial, permitindo-se, assim, a realização concreta da própria tutela prometida pela Constituição e pelo direito material.

3.2. A técnica executiva e as formas de execução: execução direta e indireta

A técnica executiva almeja a realização, no plano fático, do direito material afirmado em sentença ou vislumbrado em decisão judicial antecipatória ou cautelar, proporcionando o mesmo resultado (ou, ao menos, o mais próximo possível) que se teria com o cumprimento espontâneo da ordem jurídica. A respeito dos objetivos da técnica executiva, é lapidar o magistério de Cândido Rangel Dinamarco:

> Em qualquer de suas modalidades, a execução promovida pelo Estado--juiz visa a oferecer a um credor, concreta e definitivamente, o benefício consistente na *satisfação de seu direito*. Nisso consiste a tutela jurisdicional executiva, diferentemente das que se obtêm no processo ou fase de conhecimento, as quais se resolvem em sentenças (palavras) e não na entrega de bens (atos). Esse resultado deve ser precisamente o mesmo que o credor haveria obtido se, no giro comum de sua vida e negócios, o devedor houvesse adimplido segundo a lei e o contrato, sem a necessidade de qualquer intercessão judiciária. O ato de satisfação será sempre a *entrega da coisa*

---

(134) MARINONI; ARENHART. *Curso de processo civil...* p. 61.
(135) Com relação ao princípio da tipicidade dos meios executivos, cumpre transcrever a candente lição de Luiz Guilherme Marinoni e Sérgio Cruz Arenhart:
"De acordo com o princípio da tipicidade, os meios de execução devem estar previstos na lei e, por isso, a execução não pode se dar através de modalidades executivas não tipificadas. O fim deste princípio é impedir que meio executivo não previsto em lei possa ser utilizado e, ao mesmo tempo, garantir o jurisdicionado contra a possibilidade de arbítrio judicial na fixação da modalidade executiva.
Nota-se que se o jurisdicionado sabe, diante de previsão legal, que a sua esfera jurídica somente poderá ser invadida através de determinadas modalidades executivas, confere-se a ele a possibilidade de antever a reação ao seu inadimplemento, bem como a garantia de que a jurisdição não determinará ou permitirá a utilização de meio executivo diverso daqueles previstos" (MARINONI; ARENHART. *Curso de processo civil...* p. 60).

devida (execução por quantia certa ou para entrega de coisa móvel ou imóvel) ou a concreta *adaptação da conduta do obrigado*, fazendo ou abstendo-se de fazer conforme lhe haja sido determinado no título executivo; em ambos os casos reputa-se frutífera a execução, e portanto bem sucedida, quando o resultado perseguido houver sido realizado. (Grifos do autor)[136]

É importante registrar que a técnica executiva cumpre uma finalidade específica: a satisfação do credor. Conforme assinalado pelo eminente jurista Cândido Rangel Dinamarco, a tutela executiva possui "*desfecho único*, porque ou produz uma tutela jurisdicional ao exequente (entrega do bem, satisfação do direito) ou se frustra e não produz tutela plena a qualquer das partes". (Grifos do autor)[137]

Dentre as características da técnica executiva, cumpre destacar duas de inegável importância para a compreensão do instituto: a sua coatividade e o seu caráter jurisdicional.

A respeito da coatividade, observa-se que a técnica executiva consiste em uma atividade coativa, que visa produzir determinado resultado no plano da realidade, "*com indispensável interferência na esfera jurídica de alguém* (em particular daquele que deveria produzir espontaneamente tal resultado), *independentemente* e mesmo *contra* a sua vontade". (Grifos do autor)[138]

Ademais, justamente em razão de acarretar a invasão da esfera jurídico-patrimonial do devedor (ato pelo qual se busca a atuação prática do direito material que o devedor se negou a cumprir espontaneamente), a técnica executiva deve ser prestada mediante atividade jurisdicional, uma vez que é imprescindível assegurar o direito fundamental ao devido processo legal (art. 5º, inc. LIV, CR/88) para a parte constrangida pela ação do órgão estatal prestador de jurisdição. Nesse contexto, é fácil concluir que o caráter jurisdicional da técnica executiva decorre diretamente da sua característica coativa.

Recordadas essas características essenciais da técnica executiva, é importante registrar que, em uma realidade não tão distante, a ciência processual civil era marcada pela regra da *nulla executio sine titulo*, que proclama a impossibilidade de satisfação de um direito ainda não consagrado em título executivo.

Desse modo, para a invasão coercitiva da esfera jurídica-patrimonial do réu era imprescindível a formação da coisa julgada material, a qual confere *status* de "certeza jurídica" à decisão proferida pelo Estado-juiz. Em outras palavras, a utilização dos mecanismos executivos para promover a realização plena do direito material somente era possível após o término do processo de conhecimento, momento em que o direito objeto do litígio era reconhecido como "verdade absoluta".

---

(136) DINAMARCO, Cândido Rangel. *Instituições de direito processual civil*: volume 4. 3. ed. rev. atual. São Paulo: Malheiros, 2009, p. 57-58.
(137) DINAMARCO. *Instituições de direito processual civil...* p. 59.
(138) GUERRA. *Execução indireta*, p. 20.

Não se pode negar que a regra da *nulla executio sine titulo* foi cunhada em razão dos valores e dos princípios vigentes no Estado Liberal clássico. Com efeito, as ideias de neutralidade do juiz na aplicação da lei, de limitação dos poderes do Estado e de igualdade formal eram reafirmadas por esta regra técnico-jurídico-processual, sendo considerada naquela época como verdadeira garantia de liberdade dos cidadãos contra eventuais abusos do Poder Público no desenvolvimento de sua função pacificadora de conflitos.

Contudo, com a generalização do instituto da tutela antecipada no sistema processual brasileiro, promovida pela Lei n. 8.952/94, que alterou a redação do art. 273 do CPC, quebrou-se o princípio que impossibilitava a execução no curso do processo de conhecimento (*nulla executio sine titulo*), permitindo-se, assim, a execução de decisões judiciais pautadas em convicção de verossimilhança ou sem que fosse formada a coisa julgada material.

Como é evidente, não existe nenhum valor prático no simples reconhecimento judicial de uma situação de direito substancial que necessita de uma proteção urgente. Nessa hipótese, é indispensável a efetivação da tutela antecipada (ou, se for o caso, da tutela cautelar) ou a utilização dos mecanismos executivos aptos a conferir a efetiva tutela do direito afirmado em juízo, mesmo que com base em cognição sumária. Nessa mesma ordem de ideias, são incisivas as palavras de Luiz Guilherme Marinoni e Sérgio Cruz Arenhart:

> Em regra, a tutela do direito, concedida ao final ou antecipadamente, é substancialmente a mesma, e assim, quando requer mecanismos de execução ao final, obviamente os requer no curso do processo de conhecimento, e, na maioria das vezes, diante da situação de urgência, de forma até mais incisiva.
>
> Basta pensar na tutela antecipada de soma em dinheiro, deferida com base na verossimilhança do direito e na urgência da sua obtenção. É claro que tal tutela, para ser prestada antecipadamente, necessita de meios de execução, que devem ser aptos a permitir a breve realização da tutela necessitada pelo autor; assim, não podem ser os mesmos que são utilizados para permitir a execução da sentença de condenação.
>
> Portanto, se a sentença de condenação é executada mediante penhora, avaliação, expropriação e pagamento do credor, é evidente que a tutela antecipada de soma, em razão da própria urgência que a legitima, não pode ser executada do mesmo modo, e assim requer medidas que permitam a retirada do dinheiro do devedor de modo mais tempestivo, como o desconto em folha, o desconto de rendas periódicas ou o uso da multa para constranger o pagamento.[139]

---

(139) MARINONI; ARENHART. *Curso de processo civil...* p. 54-55.

É oportuno lembrar que o instituto da tutela antecipada foi concebido a partir das necessidades de tutela dos "novos direitos" individuais e sociais, especialmente aqueles que não possuem expressão imediatamente patrimonial, o que revela a sua inquestionável importância para a realização plena dos direitos consagrados pela ordem jurídica. Ora, se a técnica executiva é indispensável para a tutela efetiva dos direitos, é óbvio que é também imprescindível para a tutela antecipada. Permitir a execução de decisões judiciais antecipatórias é dar efetividade à tutela jurisdicional do direito no curso do processo.[140]

De fato, entender o contrário seria esterilizar um dos mais relevantes mecanismos processuais recentemente introduzidos pelo legislador, apontado pela doutrina, ao lado da tutela inibitória, como o instituto que mais tem contribuído para a efetividade da Justiça brasileira.

De qualquer forma, seja no decorrer da atividade cognitiva ou na fase de cumprimento da sentença (fase executiva), a execução promovida pelo Estado-juiz para dar concretude à tutela jurisdicional pode ser dividida em duas grandes modalidades: a execução direta e a execução indireta.

A execução direta, também conhecida como "execução forçada", é desempenhada mediante a utilização de medidas processuais sub-rogatórias, pelas quais o Estado-juiz substitui a vontade do devedor proporcionando ao credor o mesmo resultado (ou o mais próximo possível) que ele teria com o cumprimento espontâneo da obrigação jurídica. Nota-se que o epíteto "execução forçada" decorre do fato de o ato jurisdicional realizar o direito do credor independentemente da vontade do devedor, suprindo a sua falta de comportamento com o objetivo de conferir efetividade à tutela do direito.

A respeito das medidas sub-rogatórias que compõem a forma de execução direta, calha colacionar as brilhantes palavras de Cândido Rangel Dinamarco:

> Embora presentes com muita intensidade na execução tradicional, e particularmente na execução por obrigação pecuniária, as *medidas de sub-rogação* não se restringem ao âmbito desta e também se praticam na execução específica imediata (cumprimento de sentença) regulada pelos arts. 461 (esp. § 5º) e 461-A do Código de Processo Civil. Elas consistem em uma autêntica substituição de atividades, inclusive no plano físico, quando o Estado-juiz apanha bens pertencentes ao executado (penhora, busca-e-apreensão), faz incidir sobre eles as providências cabíveis (avaliação, adjudicação, alienação em hasta pública) e termina por fazer aquilo que desde antes do processo o devedor deveria ter feito: a entrega do bem ao credor. É essa a razão de se afirmar que a execução é uma sanção (sanção executiva) e que a imposição desta se faz *independentemente da vontade do executado ou até mesmo contra ela*. Trata-se de medidas imperativas, apoiadas no poder estatal e

---

(140) MARINONI; ARENHART. *Curso de processo civil...* p. 56.

na inevitabilidade dos efeitos do seu exercício – sendo pois natural que se efetivem sem qualquer necessidade da colaboração do sujeito passivo ou de qualquer atitude volitiva da sua parte. Daí chamarem-se medidas de *sub-rogação*, o que significa medidas realizadas por um sujeito, o juiz, em *substituição* à conduta de outro sujeito, que é o obrigado inadimplente (sub-rogar, em direito, é *pôr no lugar de*). (Grifos do autor)[141]

Não obstante a inegável importância das medidas sub-rogatórias no sistema de tutela jurisdicional, a prática forense revela situações que, em razão da natureza do direito material envolvido ou de determinadas circunstâncias observadas no caso concreto, a execução direta é inviável. Toma-se como exemplo a execução de obrigação de fazer e de não fazer, cuja prestação apenas pode ser realizada pelo devedor, mas este, apesar de ter plenas condições de satisfazê-la, nega-se a tanto. Em tais hipóteses, é imprescindível para a atuação do direito substancial no plano fático a vontade do devedor, devendo o julgador lançar mão de medidas processuais para convencê-lo a adimplir a obrigação.

É dever do Estado assegurar a tutela efetiva de todas as situações de direito substancial, inclusive quando a satisfação do direito depende exclusivamente de uma prestação ou abstenção do executado. Certamente, a falta de meios executivos adequados às situações em que a execução direta revela-se ineficaz representa verdadeira ofensa ao direito fundamental à tutela jurisdicional efetiva, devendo o legislador disponibilizar os instrumentos processuais indispensáveis à realização do direito substancial também nesses casos específicos.

Nessa perspectiva, a forma de execução indireta do direito foi concebida como resposta a esses vazios de tutela jurisdicional absolutamente contrários à Constituição. A execução indireta é viabilizada por meio da utilização de medidas coercitivas que visam pressionar a vontade do réu para que a tutela do direito seja prestada. Pretende-se, basicamente, que o próprio devedor, induzido por essas medidas coercitivas, realize o direito do devedor, proporcionando o exato resultado que se obteria com o cumprimento espontâneo da obrigação. Nessa mesma linha de raciocínio, é lapidar o magistério de Cândido Rangel Dinamarco:

> As *medidas de coerção* consistem em pressões sobre a vontade do obrigado, para que cumpra. Mediante elas o Estado-juiz procura persuadir o inadimplente, impondo-lhe situações tão onerosas e inconvenientes que em algum momento seja para ele mais vantajoso cumprir do que permanecer no inadimplemento. Trata-se, por esse aspecto, de verdadeiras *coações*, no sentido em que esse vocábulo é empregado na lei civil, porque infundem no espírito do obrigado o fundado temor de um insuportável, ou ao menos muito indesejável, agravamento (CC, art. 151); como ocorre todas as vezes em que alguém decide sob pressões dessa ordem, a decisão de pagar não se forma de modo inteiramente livre,

---

(141) DINAMARCO. *Instituições de direito processual civil...* p. 50-51.

porque a verdadeira vontade era não pagar. Essa é, contudo, uma coerção de absoluta legitimidade ética e jurídica, uma vez que se destina a remover uma conduta antiética e se realiza com o objetivo de dar efetividade a um valor muito elevado, que é o acesso à justiça. (Grifos do autor)[142]

Nota-se, portanto, que a principal diferença entre a execução direta e a execução indireta consiste em que esta última não conduz diretamente à tutela do direito, na medida em que os meios executivos que a compõem limitam-se a incidir sobre a vontade do réu para que a tutela do direito seja por ele prestada, embora induzido por medidas de caráter coercitivo. Em contrapartida, na execução direta as medidas empregadas pelo juiz conferem por si só a satisfação do direito do autor, independentemente da vontade do réu.

Por fim, é oportuno registrar que as recentes reformas do Código de Processo Civil significaram uma evidente transformação do modelo de tutela executiva até então vigente. Se antes a realidade do sistema processual brasileiro era o predomínio de medidas sub-rogatórias, agora se observa o substancial incremento do emprego de medidas de caráter coercitivo para induzir o réu a cumprir pessoalmente a obrigação reconhecida por sentença ou decisão judicial antecipatória ou cautelar. Nesse sentido, é exemplar a nova redação do art. 461 do CPC (Lei n. 8.952/94) e a introdução do art. 461-A no mesmo diploma (Lei n. 10.444/02), que privilegiam o uso de medidas coercitivas para promover a tutela específica das obrigações, assim como a inclusão do art. 475-J no CPC, que impõe multa de dez por cento sobre o valor da obrigação quando o devedor não paga voluntariamente a quantia fixada na condenação.[143]

3.3. Execução indireta e tutela específica

Para uma melhor compreensão do papel desempenhado pelas medidas coercitivas no sistema de tutela jurisdicional, é importante fazer uma breve referência à distinção realizada pela doutrina entre tutela específica e tutela ressarcitória.

A tutela específica visa obter o exato bem jurídico a que o autor tem direito, buscando-se o mesmo resultado que se teria com o cumprimento espontâneo e natural da norma jurídica. Com efeito, quando a atividade jurisdicional é capaz de proporcionar a proteção *in natura* do direito ou a obtenção de *tudo aquilo e exatamente aquilo a que o autor faz jus* (Chiovenda), pode-se dizer que a tutela específica do direito foi alcançada.[144] No mesmo sentido manifesta-se Cândido Rangel Dinamarco, com absoluta propriedade:

> Diz-se específica a execução consistente na *restauração direta do interesse sacrificado* (Cristiano Mandrioli) mediante oferta, a quem tem um direito, da precisa situação que o obrigado deveria haver produzido e não produziu, ou que ele alterou sem ter o direito de alterá-la, ou impediu que se produzisse quando devia ter permitido. (Grifos do autor)

---
(142) *Ibidem*, p. 51.
(143) *Ibidem*, p. 50.
(144) ZAVASCKI, Teori Albino. *Antecipação da tutela*. São Paulo: Saraiva, 1997. p. 137.

Ou, em palavras mais explícitas: institui-se a precisa e específica situação a que a pessoa tem direito (a) mediante a restituição da coisa que lhe foi indevidamente retirada, (b) mediante a entrega da coisa que lhe devia ser entregue e não foi, (c) fazendo-se o que se devia fazer e não foi feito, (d) abstendo-se do que não se deve fazer, (e) suportando-se uma atividade que não se devia impedir.[145]

De outra parte, a tutela ressarcitória, também conhecida como "tutela inespecífica" ou "tutela genérica", confere ao detentor de um bem jurídico apenas o seu equivalente pecuniário. Percebe-se, portanto, que esse sistema de tutela jurisdicional ignora por completo as situações de vantagem estabelecidas pela ordem jurídica, neutralizando o valor específico de cada bem e transformando-os em mera expressão monetária.

A respeito da tutela ressarcitória, cumpre novamente transcrever a oportuna lição de Cândido Rangel Dinamarco:

> A execução *inespecífica* é estruturada para restaurar apenas a *utilidade* que o bem sacrificado representava (ainda Mandrioli), ou seja, para trazer ao credor um bem, que é o *dinheiro*, capaz apenas de possibilitar-lhe a obtenção de outros bens – esses, sim, aptos a satisfazer alguma necessidade ou desejo (alimentação, habitação, educação, lazer, viagens ou até mesmo luxo). A execução inespecífica tem lugar (a) quando o direito insatisfeito já tinha por objeto o dinheiro ou (b) quando uma obrigação de entrega ou de conduta é convertida em pecúnia, caso em que a tutela jurisdicional consiste em oferecer ao credor um valor em dinheiro capaz de proporcionar-lhe, na medida do possível, a mesma utilidade que a entrega do bem ou a conduta devida teria produzido. O dinheiro é coisa fungível por excelência e não tem qualquer utilidade por si mesmo, senão pelos bens que pode comprar; por isso, quer o pague o devedor, quer o obtenha o juiz para o credor, trata-se sempre de propiciar a este a *utilidade* da qual o dinheiro é capaz. (Grifos do autor)[146]

Eduardo Talamini faz também interessante distinção entre as tutelas específica e ressarcitória, merecendo aqui reprodução textual:

> [...] genérica é toda a forma de tutela que tenda à obtenção de dinheiro no âmbito da responsabilidade patrimonial do devedor – seja mediante direita consecução do numerário, seja pela transformação de outros bens em pecúnia, através de expropriação. *Específica* é a tutela que tende à consecução de bens jurídicos outros, que não dinheiro. Mais precisamente, *tutela específica* (categoria que abrange – mas não se limita a – *execução específica*) é a que visa ao exato resultado jurídico que se teria, se não houvesse a necessidade do processo, em todos aqueles casos em que esse resultado final não consista na mera satisfação de uma dívida pecuniária. (Grifos do autor)[147]

---

(145) DINAMARCO. *Instituições de direito processual civil...* p. 508-509.
(146) *Ibidem*, p. 510.
(147) TALAMINI. *Tutela relativa aos deveres de fazer e de não fazer...* p. 230.

É inegável que a tutela pelo equivalente pecuniário possui forte inspiração do direito liberal, que busca igualizar bens e pessoas como forma de afirmação de um dos seus valores máximos: a liberdade. Nessa mesma ordem de ideias afirma o ilustre processualista Luiz Guilherme Marinoni:

> A tutela pelo equivalente monetário tem íntima relação com os valores do direito liberal-burguês. Lembre-se que para esse direito não importavam as diferenças entre as pessoas e os bens. O Estado liberal não deveria se preocupar em corrigir as distorções sociais, mas apenas em assegurar a liberdade dos cidadãos. Para tanto, não podia tratar de forma desigual as diferentes posições sociais e, exatamente porque não possuía preocupação alguma com a diferença entre os bens, partia da premissa – obviamente artificial – de que todos os bens e pessoas eram iguais. Se todos os bens são iguais, todos eles podem ser expressos por um valor em dinheiro.[148]

Registre-se, porém, que a tutela ressarcitória revela-se totalmente inadequada para a atuação de diversas situações de direito substancial, notadamente aquelas que envolvem direitos que cumprem função não patrimonial no ordenamento jurídico. É notório que a recusa ao cumprimento *in natura* das obrigações, aceitando-se somente a tutela pelo equivalente pecuniário, significa permitir a livre expropriação dos direitos consagrados pela ordem jurídica, desde que o infrator disponha de numerário para tanto. De fato, tal postura não condiz com os valores erigidos como fundamentais pelas Constituições modernas, que buscam a concretização do princípio da efetividade da tutela jurisdicional. É por isso que os sistemas processuais modernos adotam a tutela específica como a modalidade prioritária de atuação do direito material, colocando em segundo plano a tutela ressarcitória ou pelo equivalente pecuniário, utilizada apenas em virtude da impossibilidade da tutela específica ou a requerimento do credor.

Com efeito, o natural é a ordem jurídica almejar que as obrigações sejam satisfeitas tal como estabelecidas, quer diretamente pelo obrigado, quer mediante sub-rogação de sua conduta pelo Estado-juiz. Como assinala Cândido Rangel Dinamarco, o importante é que o Estado possa "oferecer a quem tem direito à situação jurídica final que constitui objeto de uma obrigação específica *precisamente aquela situação jurídica final que ele tem o direito de obter* (Chiovenda), reservando-se as conversões pecuniárias para casos extremos."[149]

Exatamente no mesmo sentido manifesta-se Luiz Guilherme Marinoni, com igual propriedade:

> A tutela na forma específica, como é óbvio, é a tutela ideal do direito material, já que confere à parte lesada o bem ou o direito em si, e não o seu equivalente. É apenas mediante a tutela específica que o ordenamento

---
(148) MARINONI. *Técnica processual e tutela de direitos*, p. 283.
(149) DINAMARCO. *Instituições de direito processual civil...* p. 514.

jurídico pode assegurar a prestação devida àquele que possui a expectativa de receber um bem. Não é por outra razão que os arts. 461 do CPC e 84 do CDC, demonstrando uma verdadeira obsessão pela tutela específica, afirmam que a obrigação somente se converterá em perdas e danos se o autor o requerer ou se impossível a tutela específica ou a obtenção do resultado prático correspondente.[150]

A nova redação do art. 461 do CPC, estabelecida pela Lei n. 8.052/94, sinaliza a absoluta preferência do sistema processual brasileiro geral pela tutela específica do direito. Ademais, é oportuno registrar que a posterior introdução do art. 461-A no CPC, que trata das obrigações de entrega de coisa, promovida pela Lei n. 10.444/02, seguiu a mesma linha de consagração daquelas posições doutrinárias e pretorianas que defendem a primazia da tutela específica no sistema de tutela jurisdicional.

Nota-se que a priorização da tutela específica possui implicações de extrema relevância na esfera trabalhista. O processo do trabalho convive de perto com uma gama enorme de direitos fundamentais, com nítida função não patrimonial, que não são tutelados de forma efetiva por meio do ressarcimento pecuniário, uma vez que é praticamente impossível mensurar a expressão monetária desses direitos. Nessa perspectiva, negar-se a conceder a tutela específica no âmbito justrabalhista significa admitir que o empregador, parte naturalmente mais forte no contrato de trabalho, pode descumprir normas que definem direitos fundamentais dos trabalhadores, desde que esteja disposto a arcar com uma quantia pecuniária correspondente, quase sempre insuficiente para reparar plenamente as lesões perpetradas.

É importante perceber que a tutela específica possui estreita relação com o princípio da efetividade da tutela jurisdicional. De fato, não é correto afirmar que a tutela jurisdicional é efetiva quando confere à parte, contra a sua vontade, um bem diverso do estabelecido pela lei ou contrato, embora seja possível ainda obter a tutela específica. É inequívoco que qualquer ordenamento jurídico que almeja ser classificado como efetivo deve primeiramente buscar a tutela específica do direito para somente depois, diante da impossibilidade de sua concretização, impor a conversão em pecúnia do direito do autor.[151]

Nesse mesmo sentido, cumpre transcrever as candentes palavras de Marcelo Lima Guerra que se referem especificamente ao processo de execução, mas perfeitamente aplicáveis à questão da efetivação das decisões judiciais antecipatórias, cautelares e inibitórias:

> Nessa ordem de ideias, cumpre salientar que a opção do legislador pela tutela específica encontra na garantia constitucional da efetividade da tutela jurisdicional um poderoso instrumento de sua realização concreta. De fato, porque a tutela específica de obrigações não pecuniárias consagradas em

---

(150) MARINONI. *Técnica processual e tutela de direitos*, p. 285.
(151) DINAMARCO. *Instituições de direito processual civil...* p. 514-515.

título executivo é, precisamente, aquilo que o processo de execução deve proporcionar ao credor, em razão das próprias regras e princípios que informam a estrutura desse processo, a obtenção dessa tutela encontra na garantia da efetividade da tutela jurisdicional não apenas um reforço, mas algo que lhe confere uma relevância especial. Isso quer dizer que, uma vez eleita a tutela específica, no plano do direito material, o resultado correspondente a essa tutela passa a ser, no processo de execução, algo protegido pelo *direito fundamental à tutela efetiva*. (Grifos do autor)[152]

A partir do momento em que se reconhece a imprescindibilidade da tutela específica para a concretização do acesso pleno à justiça e, consequentemente, sua posição prioritária no ordenamento jurídico brasileiro, surge a necessidade de analisar a idoneidade dos meios executivos colocados à disposição do julgador para assegurar sua efetiva atuação no plano empírico.

Nesse contexto, diante de um sistema jurídico que expressamente adota a tutela específica como a modalidade prioritária de proteção do direito material, é impossível não admitir a importância da execução indireta para a concretização *in natura* das posições jurídicas de vantagem lesadas ou ameaçadas. Com efeito, por meio das medidas coercitivas que caracterizam a execução indireta, o Estado-juiz tem a possibilidade de conferir ao credor um resultado prático idêntico, ou o mais próximo possível, ao que se teria com o adimplemento natural e espontâneo da obrigação jurídica pelo devedor. Essa é, sem dúvida, a solução esperada por qualquer sociedade que se encontra sob a égide de um Estado Democrático de Direito.

3.4. Execução indireta no direito comparado

3.4.1. *Common law*

Para se compreender o sistema de tutela jurisdicional do *common law*, é indispensável uma breve referência inicial ao conhecido adágio inglês *Remedies precedes rights*, que ainda vigora na tradição jurídica anglo-saxã.

O referido princípio, cunhado sob a influência do Direito romano clássico, certamente não é mais identificado no *common law* como uma concepção restritiva de direito, que afasta a possibilidade de tutela quando a pretensão não se enquadra em uma das *forms of actions* predeterminadas. Ao contrário, a ideia de que os instrumentos de tutela precedem e determinam os direitos retrata uma visão pragmática, intrínseca ao direito anglo-saxônico, de que sem mecanismos eficientes de atuação os direitos pouco valem. Com efeito, trata-se da essência da atual fase instrumentalista da ciência processual, que enfatiza a importância do processo para promover a efetiva realização do direito material.[153]

---
(152) GUERRA. *Execução indireta*, p. 44-45.
(153) TALAMINI. *Tutela relativa aos deveres de fazer e de não fazer...* p. 84.

Nessa linha de valorização do processo como instrumento de efetivação do direito material, cumpre ressaltar que um dos aspectos mais característicos da tutela executiva no sistema do *common law* consiste nos meios empregados para garantir a tutela específica dos direitos. Dentre os meios executivos utilizados no *common law* para a satisfação *in natura* do direito substancial, destaca-se o uso do *contempt of court* como medida coercitiva destinada a induzir o réu a cumprir pessoalmente a decisão judicial.[154]

Registre-se, contudo, que o *contempt of court* não se limita a assegurar a tutela específica no sistema do *common law*. Trata-se de um instituto complexo, utilizado pelos Tribunais "anglo-americanos para, de um modo geral, preservar a sua autoridade e garantir a correta e eficaz prestação da tutela jurisdicional".[155]

Sobre a conceituação do instituto do *contempt of court* calha colacionar a lição de Marcelo Lima Guerra:

> *Contempt of court* significa, literalmente, *desprezo à corte*, ou ainda *desacato ao tribunal*, conduta que constitui ofensa punível de diversas maneiras. Segundo a clássica definição de Oswald, "*contempt of court* pode ser definido como qualquer conduta que tenda a desrespeitar ou desprezar a autoridade do Judiciário e a aplicação do Direito, ou prejudicar as partes litigantes ou suas testemunhas durante o litígio". Não há diferença substancial nas definições dadas atualmente ao *contempt of court*. Assim, definiu-se o *contempt* como "uma ação ou omissão, a qual contraria uma ordem judicial, impede o funcionamento do tribunal ou cria obstáculos ao exercício da autoridade". (Grifos do autor)[156]

Observa-se que no *common law* existem, basicamente, dois tipos de decisões judiciais passíveis de execução: os *money judgements* e os *other than money judgements*. O primeiro, como a própria expressão revela (decisões pecuniárias), consiste nas decisões que condenam o réu ao pagamento de determinada quantia em dinheiro. O segundo (decisões não pecuniárias) trata-se das decisões que estabelecem o cumprimento de qualquer outra obrigação diversa daquela que impõe o pagamento de soma, podendo representar uma obrigação de fazer, de não fazer ou de entrega de coisa.

---

(154) O ilustre processualista Marcelo Lima Guerra lembra outro traço distintivo da execução forçada no sistema do *common law* norte-americano, que se trata do "poder conferido ao juiz de determinar o meio sub-rogatório mais adequado ao caso concreto, garantindo a execução direta de obrigações de fazer e de não fazer altamente complexas, para a tutela das quais se revelam impróprios os meios tradicionais" (GUERRA. *Execução indireta*, p. 71).
(155) *Ibidem*, p. 73.
(156) *Ibidem*, p. 72.
Assevera ainda esse ilustre processualista que é extenso o campo de aplicação do *contempt of court* dentro do *common law*. Nessa linha, a título meramente exemplificativo, cita diversas condutas que podem ser punidas por meio desse instituto: "tentar agredir fisicamente um juiz, um advogado ou outra parte no processo, interromper continuamente o curso da audiência, ameaçar testemunhas, juízes ou oficiais de justiça, alterar documentos, recusar-se a testemunhar, não cumprir ordens judiciais e até mesmo algumas condutas que causam certo espanto serem equiparadas a essas acima indicadas, como chegar atrasado ou faltar à audiência ou trajar-se com determinado tipo de roupa" (*Ibidem*, p. 73).

A respeito da execução das decisões judiciais pecuniárias e das não pecuniárias no *common law*, é lapidar o ensinamento de Marcelo Lima Guerra:

> Os *money judgements* são executados através de procedimentos executivos estabelecidos em lei, o que não ocorre em relação aos *other than money judgements*. Nestes, fica a critério do órgão judicial a escolha, segundo as nuances do caso concreto, do meio mais adequado. Todavia, é na execução dessas modalidades de decisões judiciais que o juiz pode se valer do instituto do *contempt of court*. Por isso é que se diz, genericamente, que os *other than money judgements* são executados através do *contempt power* do juiz.[157]

É oportuno ressaltar que o uso do *contempt of court* como medida coercitiva para assegurar a tutela específica no Direito anglo-americano tem estreita relação com o processo de surgimento dos Tribunais de *Equity*.

Em meados do século XIII, o *common law* tornou-se um sistema constituído de inúmeras limitações, que impossibilitavam a tutela jurisdicional efetiva de determinadas situações de direito substancial, tais como: instituição de um sistema fechado de *writs*, de modo que as pretensões que não se ajustavam a uma das *forms of actions* preestabelecidas ficavam sem proteção jurisdicional; consagração da tutela ressarcitória como única resposta jurisdicional viável ao descumprimento da ordem jurídica; e restrições probatórias, ao litisconsórcio e à cumulação de pedidos. É por isso que muitos particulares passaram a recorrer à função jurisdicional extraordinária e residual do Rei para alcançar uma solução adequada a determinados casos concretos carentes de proteção efetiva por parte do Estado.

Esse frequente apelo à atividade jurisdicional extraordinária do Rei, com vista à pacificação dos conflitos intersubjetivos de interesses, culminou com a cristalização do sistema da *equity* no Direito inglês. De início, o pleito era encaminhado à Chancelaria, formada, geralmente, por eclesiásticos que, se fosse o caso, decidia a questão essencialmente com base no direito canônico. Nessa linha, é esclarecedora a lição de Eduardo Talamini:

> O processo que se passou a desenvolver fugia da forma rígida daquele empregado na *common law*: não se adotava o júri; as partes sujeitavam-se a ordens do juiz para apresentar elementos instrutórios; as manifestações eram feitas sob juramento etc. Sob o prisma material, vieram a merecer proteção inúmeras situações até então não reconhecidas na *common law*: cumprimento específico de contratos e de pré-contratos; *trust* (assimilável ao negócio fiduciário); repressão a fraudes e a garantias e penalidades excessivas; consideração de vícios de vontade etc. A tutela processual (através do *decree*) inicialmente consistia apenas em *ordem* diretamente voltada ao réu, para que adotasse uma conduta ativa ou omissiva, sob pena de prisão por desobediência. Originalmente, o *decree* era despido de força executiva *in rem*.[158]

---
(157) *Ibidem*, p. 72.
(158) TALAMINI. *Tutela relativa aos deveres de fazer e de não fazer...* p. 85.

Com efeito, a Chancelaria, ao exercer função jurisdicional extraordinária, fundada na "prerrogativa de perdão" do Rei, não se prendia às formalidades típicas das cortes de *common law*. Assim, por exemplo, não era necessário enquadrar a pretensão em um *writ* preestabelecido, bastando uma simples petição, normalmente redigida em inglês (ao contrário das petições em latim ou em francês, exigidas pelos Tribunais de *Common Law*), para formalizar o pleito. Ademais, o fato de não haver júri permitia ampla liberdade ao chanceler na instrução probatória, adotando-se uma postura ativa na elucidação das questões trazidas à baila pelos sujeitos do processo.[159]

Registre-se, entretanto, que um dos traços mais relevantes desenvolvidos pelos Tribunais de *Equity* foi a possibilidade de se obter a tutela específica das obrigações (*specific performance*), inclusive de forma preventiva. Para tanto, a *equity* necessariamente precisava manter-se distante das amarras procedimentais do *common law*, que previamente estabelecia os meios de efetivação da tutela jurisdicional. A corte, ao atuar em *equity*, detinha amplos poderes para adequar a tutela às necessidades do direito material envolvido, definindo o conteúdo da medida processual de proteção, o seu modo de execução, a sua concessão em caráter de urgência etc. A razão para tudo isso não podia ser outra senão a concretização da tutela específica das obrigações, relegando a possibilidade de conversão em indenização por perdas e danos (*demages*) a uma posição de mera subsidiariedade.

Ademais, não se pode negar que a natureza *in personam* das decisões[160] proferidas pelos Tribunais de *Equity* representou também inequívoca contribuição para o robusto desenvolvimento da tutela específica no Direito anglo-americano. Ao contrário das decisões do *common law*, que se limitavam a condenar ao pagamento de indenização por perdas e danos, as cortes de *equity* vinculavam ordem direta ao réu, cuja inobservância representava uma afronta à autoridade real, sancionada com prisão (*contempt of court*), que perdurava até que ele se decidisse a cumprir o determinado em sentença. Destarte, é inegável que a Chancelaria valia-se de uma poderosa medida coercitiva (a prisão por *contempt of court*) para assegurar a atuação específica dos direitos substanciais no plano fático.

Nessa mesma ordem de ideais, conclui Marcelo Lima Guerra com absoluta propriedade:

> Vê-se, portanto, que a *Equity*, no sistema jurídico anglo-americano, caracteriza-se como a tutela jurisdicional extraordinária prestada pela corte da *Chancery* na Inglaterra e em tribunais equivalentes nos EUA, para preencher lacunas do *common law*, ou seja, para dar um (*sic*) solução adequada a um caso concreto, sempre que o remédio jurisdicional que se poderia obter nas cortes de *common law* parecesse inadequado ou insuficiente. Além disso,

---
(159) GUERRA. *Execução indireta*, p. 87.
(160) Ressalte-se que as decisões *in rem* não se relacionam diretamente com uma determinada pessoa. Nessa espécie de decisão, o direito material é reconhecido sem, no entanto, nomear qualquer obrigado frente ao direito objeto do litígio. Por outro lado, as decisões *in personam* vinculam diretamente a pessoa do réu (SILVA, De Plácido e. *Vocabulário jurídico*. 16. ed. Rio de Janeiro: Forense, 1999. p. 435).

consistindo o *remedy at law* (isto é, aquele alcançável nas cortes de *common law*) sempre em uma condenação ao pagamento de quantia em dinheiro, como indenização aos prejuízos sofridos com a violação do direito lesado, os remédios jurisdicionais habitualmente administrados pelas cortes de *equity* não poderiam deixar de ser a condenação à *specific performance*, ou seja, a *concessão da tutela específica*, em termos familiares ao *civil law*. Pois a principal falha dos *remedies at law* é a sua incapacidade de tutelar adequadamente aqueles direitos para os quais não se pode estabelecer um equivalente pecuniário satisfatório, consistindo a condenação na *specific performance* (tutela específica) na única maneira de tutelá-los efetivamente. (Grifos do autor)[161]

É preciso reconhecer o importante papel desempenhado pelas medidas coercitivas para o franco desenvolvimento do sistema de tutela específica anglo-americano. De fato, o poder conferido aos Tribunais de *Equity* para efetivar suas decisões por meio do *contempt power* (ou seja, a possibilidade de determinar a prisão, por *contempt of court*, daqueles litigantes que não cumprem as ordens judiciais ou criam embaraços para a sua efetivação) constituiu a principal razão para que a tutela específica das obrigações fosse prestada, quase que exclusivamente, por esses Tribunais.

Importa destacar, ainda, que o instituto do *contempt of court* pode ser agrupado em diferentes categorias ou classes. Entretanto, no que diz respeito ao estudo da execução indireta no *common law*, a classificação mais relevante consiste na conhecida distinção entre *contempt of court civil* e *contempt of court penal*.[162]

Tal classificação é construída a partir dos objetivos que se almeja alcançar com a sanção por *contempt of court*. Nessa linha, se o *contempt of court* é utilizado para induzir o cumprimento de uma ordem judicial, pode-se afirmar que se trata de *civil contempt*. Por outro lado, se o objetivo é apenas punir o litigante em razão de uma conduta ofensiva, tem-se um *criminal contempt*.

A distinção entre *contempt of court civil* e *contempt of court penal*, apesar de à primeira vista transparecer como uma simples preocupação acadêmica, sem nenhum efeito sobre a real efetivação dos direitos substanciais, possui importantes desdobramentos práticos que não podem ser ignorados pelo operador do direito. Nesse sentido, o ilustre processualista Marcelo Lima Guerra aponta as principais diferenças procedimentais relacionadas com a referida classificação:

a) o procedimento relativo a um *criminal contempt* pode ser instaurado de ofício pelo juiz e, salvo quando se tratar de um caso de *contempt direto*, ou seja, cometido na presença do juiz (*in face of the court*), deve ser revestido de todas as garantias relativas ao processo penal. O procedimento relativo a um *civil contempt*, por sua vez, só pode ser instaurado por iniciativa das partes, aplicando-se a ele somente as garantias do processo civil;

---
(161) GUERRA. *Execução indireta*, p. 89.
(162) Para outras classificações do instituto do *contempt of court*, conferir: *Ibidem*, p. 93-94.

b) as partes "dispõem" do procedimento do *civil contempt*, podendo extingui--lo por acordo ou transação, ou ainda por desistência do autor, enquanto o procedimento do *criminal contempt* é indisponível;

c) o *criminal contempt* dá lugar a um novo procedimento (processo), diverso e autônomo daquele no qual foi cometida a conduta ofensiva. Já o *civil contempt* é punido no próprio processo em que foi cometido;

d) a punição do *criminal contempt* deve ser por tempo determinado, enquanto a do *civil contempt*, dado o seu caráter coercitivo e "remediador", pode ser (em tese) por tempo indeterminado, ou seja, até que a parte cumpra a ordem judicial desobedecida, podendo ainda tal punição ser condicionada ou suspensiva, isto é, sua incidência efetiva pode ser evitada se a parte obedecer à respectiva ordem judicial. Assim, por exemplo, enquanto num *criminal contempt* a decisão que determina a prisão do *contemnor* deve indicar, antecipadamente, a duração da referida prisão, num caso de *civil contempt* a parte pode ser mantida indefinidamente na prisão, até que cumpra a ordem violada ou desobedecida ou demonstre séria intenção de cumpri-la;

e) a *mens rea* é um elemento essencial na caracterização do *criminal contempt*, mas não o é em relação ao *civil contempt*. Dessa forma, o descumprimento de ordem judicial sempre pode caracterizar-se como *civil contempt*, independentemente de qualquer consideração sobre a intenção do *contemnor*. A única exceção é quando o descumprimento resulta de um acidente e não de uma conduta da parte;

f) é possível obter-se para um caso de *criminal contempt* o perdão real (Inglaterra) ou presidencial (EUA), enquanto o mesmo não se aplica ao *civil contempt*.[163]

Nota-se, portanto, que a prisão pode ser decretada pelo julgador para ambos os casos, *contempt* civil e *contempt* penal. A diferença fundamental reside na natureza da prisão. Dessa forma, tratando-se de *criminal contempt* a prisão tem caráter punitivo, e por isso deve ser por prazo determinado. Já no caso de *civil contempt* a prisão é uma clara medida coercitiva, devendo ser decretada por tempo indeterminado; isto é, aplicavel até que a parte se decida a cumprir a ordem judicial.[164]

A multa consiste em outra sanção empregada tanto nos casos de *contempt* civil como nos de *contempt* penal, nos mesmos moldes em que é imposta a prisão. Logo, a multa tem valor determinado e é revertida para o Estado em caso de *criminal contempt*. De outro lado, a multa relativa a um *civil contempt*, devido ao fato de possuir, em regra, o objetivo de compelir à observância da ordem judicial, trata-se de

---
(163) *Ibidem*, p. 97-99.
(164) Nesse sentido, Marcelo de Lima Guerra faz referência a uma máxima consagrada no Direito anglo-americano, que diz que em caso de prisão por *civil contempt* a parte "carrega a chave da prisão no próprio bolso" (*Ibidem*, p. 98).

determinada quantia a incidir sobre cada transgressão do comando judicial ou por dia (ou outra unidade de tempo) em que a parte persistir em não cumprir esse mesmo comando, sendo o crédito decorrente da sua incidência destinado ao autor.[165]

Como bem anota Marcelo Lima Guerra, existe ainda outra sanção imposta no Direito britânico especificamente em casos de *contempt* civil:

> Trata-se do sequestro (*sequestration*) de bens do *contemnor*. "Sequestro, explica Catherine O'Regan, é o último remédio a ser utilizado em casos de *contempt*. É o processo pelo qual a pessoa em *contempt* é privada de sua propriedade, a ser mantida em poder de sequestradores (depositários), que a deterão até que seja cumprida a ordem judicial".
>
> O sequestro de bens do *contemnor*, como instrumento de coerção para compelir à obediência a uma dada ordem judicial, é uma medida extrema que atinge todo o patrimônio daquele "contemnor", impedindo-o de dispor desse patrimônio sem a devida autorização judicial.[166]

Adverte-se, contudo, que, não obstante as sanções descritas serem as mais utilizadas no cotidiano do Direito anglo-americano, sendo algumas delas, inclusive, previstas nas normas relacionadas ao assunto, elas não representam as únicas sanções passíveis de aplicação. Em casos de *contempt of court*, o órgão jurisdicional detém ampla liberdade para impor a sanção que considerar adequada para pôr fim à conduta indevida da parte.

3.4.2. Direito francês

Na França, as ideias iluministas de defesa absoluta da liberdade do cidadão tiveram como uma de suas consequências mais relevantes no plano jurídico a consagração da impossibilidade de o Estado intervir na vontade humana, proibindo-se quase que integralmente o uso de medidas de coerção sobre a pessoa do devedor.

Nesse sentido, o Código Napoleão, em seu art. 1.142, afirmou que "toda obrigação de fazer ou de não fazer resolve-se em perdas e danos, em caso de inexecução por parte do devedor". Com efeito, a redação de tal artigo representou a consolidação do princípio *nemo ad factum cogi potest* no ordenamento jurídico francês, que determina que ninguém pode ser coagido a praticar ato a que se obriga.

É preciso reconhecer que a exacerbada valorização do direito de liberdade do cidadão em relação ao Estado levou a doutrina francesa a cometer inegáveis equívocos na interpretação do citado art. 1.142 do Código Napoleão. Nessa linha, Marcelo Lima Guerra afirma:

> De fato, chegou-se a considerar que a obrigação de fazer tinha um "objeto juridicamente impossível" e que, como uma obrigação natural, era

---
(165) *Ibidem*, p. 100.
(166) *Ibidem*, p. 102.

"juridicamente não obrigatória". Entendeu-se, assim, que uma obrigação de fazer ou de não fazer era uma obrigação facultativa, na qual o devedor se obriga, a título principal, ao equivalente pecuniário e pode, se assim desejar, liberar-se de realizar a prestação prevista no contrato.[167]

Obviamente, não demorou muito para que tal posição doutrinária fosse superada pelo entendimento de que o autor tem sempre o direito ao cumprimento in natura das obrigações de fazer e de não fazer. Entretanto, a absoluta falta de meios executivos idôneos tornou impossível a concretização, no plano fático, da tutela específica dos direitos. Dessa forma, não havia outra saída para o autor a não ser contentar-se com o simples ressarcimento pecuniário, nem sempre suficiente para reparar efetivamente a lesão à situação jurídica de vantagem a que fazia jus.

Para sanar essa lacuna, a jurisprudência francesa criou um mecanismo de coerção pecuniária, a *astreinte*, com o intuito de induzir o devedor a cumprir pessoalmente as decisões judiciais. Trata-se, claramente, de uma medida coercitiva de *caráter patrimonial*, que consiste em uma condenação ao pagamento de determinada quantia em dinheiro por dia (ou outra unidade de tempo) de atraso do devedor em cumprir a obrigação reconhecida em sentença ou por violação da obrigação que lhe foi imposta.

Observa-se que, em razão da sua origem puramente pretoriana, a utilização de tal instituto como instrumento de efetivação da tutela específica recebeu pesadas críticas dos mais diversos setores da sociedade francesa. Nessa linha, as principais objeções ao uso da *astreinte* baseavam-se no princípio da separação dos poderes, que retirou do juiz seu *imperium*, devendo restringir-se a ser "a boca da lei" (*la bouche de la loi*), e no princípio *nulla poena sine lege*, que veda a imposição de penas civis sem previsão legal. Contudo, mesmo sob intensa artilharia, o instituto continuou a ser amplamente utilizado para assegurar a tutela específica dos direitos substanciais, graças à firme postura contrária a essas críticas, adotada pelos Tribunais franceses.

A expressa previsão da *astreinte* como providência geral ocorreu com o advento da Lei n. 72-626, de 05.07.1972, sepultando de vez as dúvidas jurisprudenciais e doutrinárias que ainda restavam sobre o tema. Atualmente, a matéria é disciplinada pela Lei n. 91-650, de 09.06.1991 (arts. 33 a 37), e pelo Decreto 92-755, de 31.07.1992 (arts. 51 a 53).

A literatura especializada enumera algumas características essenciais da *astreinte*, cuja análise permite uma melhor compreensão acerca do instituto. A primeira dessas características trata-se do seu *caráter coercitivo*.

De fato, a *astreinte* consiste em uma medida coercitiva que tem por objetivo coagir o devedor a cumprir pessoalmente determinada ordem proferida por órgão jurisdicional. Em razão do seu caráter coercitivo, percebe-se que o fundamento para a

---

(167) *Ibidem*, p. 109.

sua incidência é totalmente distinto do fundamento para o pagamento de indenização por danos decorrentes do inadimplemento do devedor. Destarte, em caso de comprovação de prejuízos, é juridicamente possível cumular as duas verbas.

Outra característica relevante da *astreinte* trata-se do seu *caráter acessório*. A respeito do assunto, é lapidar o magistério de Eduardo Talamini:

> [...] a condenação à *astreinte* tem *caráter acessório* em relação a uma condenação "principal", em que se constatou a existência de um dever (Lei n. 91-650, art. 33). Seu termo inicial toma em conta o descumprimento da condenação principal – e não a data do inadimplemento do dever objeto da tutela (Dec. 92-755, art. 51). Incide até o cumprimento da condenação principal, ou até que este se impossibilite (por culpa, ou não, do condenado). Ademais, cassada ou reformada a condenação principal, cai por terra, na mesma medida, a *astreinte*.[168]

O *caráter discricionário* da *astreinte* é salientado pela doutrina francesa em virtude do amplo poder concedido ao julgador no emprego dessa medida. Nota-se que a Lei n. 91-650, que atualmente rege a matéria, não estabelece nenhum requisito para a aplicação da medida. Dessa forma, cabe exclusivamente ao juiz verificar as peculiaridades do caso concreto para decidir, mesmo de ofício, sobre o cabimento ou não da *astreinte*, podendo ainda fixar o seu valor e o seu modo de incidência (por unidade de tempo ou violação) de maneira diversa do requerido pelo credor.

Com efeito, essa omissão legal em fixar qualquer requisito de cabimento da *astreinte* está intimamente ligada ao interesse público que envolve medidas coercitivas dessa natureza. Nesse sentido, constitui dever do Estado-juiz aplicar, independentemente de qualquer tipo de solicitação das partes, os mecanismos processuais adequados à realização da situação de direito material observada no plano empírico, com o claro objetivo de assegurar a efetividade de suas decisões.

Outro aspecto comumente relacionado ao *caráter discricionário* da *astreinte* é a dispensa de motivação na decisão que comina ou rejeita a medida, presente apenas na decisão que fixa o seu valor na liquidação (Lei n. 91-650, art. 36).

A quarta e última característica relevante da *astreinte* trata-se do seu *caráter patrimonial*. Tal aspecto do instituto é destacado pela doutrina em razão de o crédito derivado da cominação da medida ser revertido para o próprio credor da obrigação reconhecida na condenação principal, e não para o Estado. Como bem anota Marcelo Lima Guerra, "essa sua característica reflete a natureza de *pena privada* da *astreinte* e representa um dos seus aspectos mais controvertidos e criticados". E completa:

> É que, tendo a *astreinte* por fundamento último, como se reconhece perfeitamente em doutrina e jurisprudência francesas, a preservação da autoridade das decisões judiciais, não parece coerente que a quantia a ser paga em virtude

---

(168) TALAMINI. *Tutela relativa aos deveres de fazer e de não fazer...* p. 50.

da aplicação da medida reverta em benefício do credor, o que parece ainda mais sem justificativa quando se considera que a *astreinte* é distinta da indenização dos prejuízos resultantes da inexecução, podendo cumular-se com eles.

[...]

É oportuno notar que tal sistemática, na avaliação da melhor doutrina francesa, não é apenas injusta, mas tende a diminuir a própria eficácia da *astreinte*. Assim, como explica Boyer, "os tribunais, sensíveis ao fato de que uma *astreinte* elevada, cumulada com perdas e danos substanciais, cria, em benefício do credor, um enriquecimento excessivo, tendem, deliberadamente, a liquidar as *astreintes* a uma taxa reduzida, do que decorre uma sensível diminuição de sua eficácia intimidativa".[169]

Apesar de incisiva e igualmente persuasiva, pondera-se a respeito da lição do ilustre processualista Marcelo Lima Guerra que nem sempre é fácil comprovar os prejuízos decorrentes do inadimplemento da obrigação reconhecida em sentença. Lembre-se, ainda, que, além de a conduta do devedor ser uma importante causa de denegação de justiça, a demora no cumprimento da decisão já representa por si só um grave prejuízo ao credor. Nesse sentido, a quantia decorrente da recalcitrância do devedor significa, ao menos, uma compensação em virtude dos efeitos nefastos que o decurso do tempo tem sobre a real efetivação dos direitos substanciais.[170]

Finalmente, cumpre ressaltar que também advém da característica *patrimonial* da *astreinte* a possibilidade de o crédito decorrente de sua incidência ser objeto de transação entre as partes no processo. Nesse sentido, o autor poderá, por exemplo, desistir de parte do valor da *astreinte* em prol do cumprimento imediato da obrigação reconhecida em juízo.

Ressalte-se que a doutrina francesa atesta a existência de duas modalidades de *astreinte*: a provisória e a definitiva. A diferença básica entre as duas consiste na possibilidade ou não de ser alterado o valor decorrente da sua incidência.[171]

A *astreinte* provisória é aquela cujo valor é passível de modificação por parte do juiz. Essa alteração pode ocorrer em dois diferentes momentos: quando, no curso da incidência da *astreinte*, o valor revelar-se insuficiente para coagir o devedor a cumprir a obrigação, devendo o julgador aumentá-lo; ou no instante da sua liquidação, permitindo-se ao juiz rever o valor total da condenação, para mais ou para menos. Constituem aspectos a serem observados pelo julgador na alteração do valor da *astreinte* o comportamento do devedor e as dificuldades que ele encontrou para cumprir a ordem judicial (art. 36 da Lei n. 91-650).

---

(169) GUERRA. *Execução indireta*, p. 123-124.
(170) Nessa linha, é importante destacar que, nas discussões dos projetos de lei que precederam as Leis ns. 72-626 e 91-650, a proposta de reverter para o Estado parte do crédito decorrente da incidência da *astreinte* foi em ambas oportunidades rejeitada pelo Senado francês.
(171) Contudo, cumpre salientar que tal distinção não é relevante para o Direito brasileiro, uma vez que, em virtude dos arts. 461, § 6º, e 644 do CPC, a *astreinte* no Brasil será sempre provisória.

É importante destacar que, devido à possibilidade de modificação do valor da *astreinte* provisória, a doutrina francesa costuma criticar a baixa carga intimidatória dessa modalidade de *astreinte*, uma vez que o devedor tende a contar com a redução ou supressão da condenação que lhe foi imposta.[172]

A *astreinte* definitiva, ao contrário da provisória, caracteriza-se pela impossibilidade de modificação do seu valor após ser imposta pelo juiz. Não há dúvidas, portanto, de que a sua capacidade de constranger o devedor ao cumprimento da ordem judicial é muito maior do que a observada na *astreinte* provisória, haja vista que o juiz não poderá reduzir ou suprimir o valor resultante da condenação. Por tratar-se de uma medida coercitiva bastante enérgica, Marcelo Lima Guerra cita alguns requisitos estabelecidos pelo ordenamento jurídico francês (art. 34 da Lei n. 91-650) para a sua aplicação:

> O primeiro deles é que a *astreinte* definitiva só pode ser decretada após a prévia imposição de uma *astreinte* provisória. O segundo é que a *astreinte* definitiva só pode ser imposta para um período de tempo previamente fixado pelo juiz. No caso de qualquer desses requisitos ser desatendido a *astreinte* será considerada e, consequentemente, liquidada como se fosse provisória.[173]

É oportuno alertar que a incidência de uma *astreinte* definitiva não obsta a imposição de nova medida coercitiva. Assim, caso o devedor persista em não seguir a determinação judicial mesmo após a incidência de uma *astreinte* definitiva, o juiz pode reiterar sua cominação ou estabelecer outra em moldes diferentes.

Com relação ao campo de aplicação da *astreinte*, observa-se que, embora originalmente concebida para garantir a tutela específica de obrigações de fazer e de não fazer, esse mecanismo coercitivo passou a ser utilizado para assegurar a efetividade de decisões judiciais que impõem qualquer tipo de conduta ativa ou omissiva, seja uma obrigação de dar, de fazer ou de não fazer. A prática forense revela casos, inclusive, de seu emprego contra devedores de obrigações monetárias.[174]

Parte importante da doutrina francesa destaca que a *astreinte* destina-se a assegurar o cumprimento das decisões judiciais em geral, e não especificamente das que tenham obrigações como seu objeto. A execução por sub-rogação normalmente é considerada mais dispendiosa e sacrificante para as partes, privilegiando-se o uso de medidas de caráter coercitivo para a prestação de uma tutela jurisdicional mais efetiva, tempestiva e adequada.

Ademais, o Código de Processo Civil francês recentemente estendeu de forma expressa a possibilidade de utilização de *astreintes* para fins instrutórios e para acompanhar as *ordonnances de référé* (compatíveis com as tutelas de urgência).[175]

---

(172) TALAMINI. *Tutela relativa aos deveres de fazer e de não fazer...* p. 52.
(173) GUERRA. *Execução indireta*, p. 123-124.
(174) Nesse sentido conferir, entre outros: STARCK, Boris. *Obligations*: t. 3 – regime général (em coop. H. Roland e L. Boyer). 5. ed. Paris: Litec, 1997, p. 247-248 e PERROT, Roger. *Procédures civiles d'exécution* (em coop. P. Théry). Paris: Dalloz, 2000, p. 86-87 apud TALAMINI. *Tutela relativa aos deveres de fazer e de não fazer...* p. 53.
(175) A respeito das *ordonnances de référé*, cumpre transcrever as brilhantes palavras de Eduardo Talamini: "É

Um dos únicos campos em que é tradicionalmente vedado o uso da *astreinte* refere-se a determinado setor de direitos não patrimoniais. Cita-se a respeito o direito moral do autor, pintor ou ator, não se podendo obrigá-los a prestar serviços contra a sua vontade, assim como pressionar alguém a submeter-se a exame sanguíneo ou a contrair matrimônio.

Não se pode negar, portanto, que o sistema de execução indireta do Direito francês, caracterizado basicamente pela utilização da *astreinte* como medida coercitiva, possui significativas qualidades. Com efeito, o amplo campo de incidência da *astreinte* e a sua capacidade de se adequar às mais diversas situações de direito material permitem um incremento substancial da efetividade da tutela jurisdicional. Entretanto, nota-se que a falta de mecanismos processuais de coerção pessoal (prisão) limita claramente a efetividade da execução indireta no Direito francês, tornando-se, por exemplo, difícil coagir um devedor extremamente rico a cumprir uma ordem judicial que ainda pretende protelar por um bom tempo.

3.4.3. Direito alemão

No Direito alemão, a tutela executiva é prestada mediante a preordenação de meios executivos típicos, utilizáveis de acordo com determinada categoria de direito substancial a ser satisfeita. Para tanto, o legislador tipificou de maneira exaustiva as medidas executivas cabíveis e as hipóteses de aplicação de cada uma delas, não deixando nenhum espaço para o julgador eleger outro meio executivo que porventura considerar, segundo as nuanças do caso concreto, mais adequado para a efetivação do direito do credor.

Observa-se que a vinculação de meios executivos típicos a classes de direitos substanciais específicas foi realizada com base na tipologia civilista das obrigações. Dessa forma, o legislador alemão relacionou a cada uma das modalidades reconhecidas por essa tipologia (obrigação de dar, fazer e não fazer) um procedimento executivo específico que, por sua vez, disciplina as medidas executivas admitidas para a efetivação da tutela ao direito material da parte.

Nessa linha, tratando-se de obrigações por quantia certa, o Direito germânico prevê, exclusivamente, a adoção de medidas de caráter sub-rogatório para a realização

---

precipuamente através das *référés* que se desenvolve a adequada tutela (antecipada ou meramente conservatória) nas hipóteses em que não se pode aguardar a normal demora do processo – inclusive em relação aos deveres de fazer e de não fazer (CPC francês, arts. 484 a 492, 808 a 810, 848 a 850, 872 e 873). O procedimento de *référé* permite proteção rápida, mediante cognição sumária, em três diferentes grupos de hipóteses: i) outorga de medidas exigidas pela urgência da situação (arts. 808, 848, e 872); ii) cessação de turbações manifestamente ilícitas e prevenção de danos iminentes (arts. 809, 1, 849, 1, e 873, 1); e iii) efetivação de um dever não seriamente contestado (arts. 809, 2, 849, 2, e 873, 2). Alteração legislativa, em 1985, explicitou e ampliou essa terceira hipótese, consignando a possibilidade de o juiz 'ordonner l' exécution de l' obligation même s'il s'agit d'une obligation de faire' (Dec. 85-1330). A doutrina francesa, porém, aponta que tal inovação pouco representou em termos práticos, precisamente porque tal forma de tutela (nota-se: inequivocamente antecipatória) já se desenvolvia e continua desenvolvendo-se através da *référé-urgence* ('i', acima)" (TALAMINI. *Tutela relativa aos deveres de fazer e de não fazer...* p. 55-56).

do direito do autor. A referida modalidade de execução está insculpida nos §§ 803 a 882 da *Zivilprozessordnung* (ZPO), permitindo ao Estado-juiz substituir a atividade do devedor para, por meio da expropriação dos seus bens, alcançar o resultado prático equivalente ao cumprimento da obrigação negada ao autor.

Para a tutela executiva das obrigações de entrega de coisa diversa de dinheiro, o legislador alemão também reservou o uso de medidas sub-rogatórias como o único meio executivo apto a satisfazer a pretensão de direito material do credor, retirando o bem da posse do devedor (com total substituição de sua atividade pela do Estado-juiz) e promovendo o que ele já deveria ter feito antes da instauração do processo: a entrega do bem ao credor.[176]

Contudo, é oportuno destacar que o processo civil alemão admite, dentro de certos limites, a utilização de medidas coercitivas para a atuação de deveres acessórios à execução de obrigações de pagar (§ 807 da ZPO) e de entrega de coisa (§ 883 da ZPO). Conforme assinala Eduardo Talamini, tais situações se verificam quando, diante da falta de resultados da execução por quantia certa, o devedor é intimado para, sob "juramento de manifestação", apresentar o inventário do seu patrimônio (§ 807 da ZPO) ou, tratando-se de coisa determinada não encontrada na posse do devedor, jurar que não a possui ou não sabe do seu paradeiro (§ 883 da ZPO). Em ambas as hipóteses, havendo omissão ou recusa injustificada, poderá o juiz decretar a prisão do devedor renitente, que tem prazo máximo legalmente estabelecido – §§ 901 e 913 da ZPO. E completa, com absoluta propriedade:

> O "juramento de manifestação" funciona, em tais casos, apenas como "meio auxiliar da execução forçada". O meio coercitivo, nessa hipótese, visa garantir a observância de tal dever acessório que é de *fazer*: indicar onde estão os bens penhoráveis ou a coisa determinada. Exclui-se o emprego da prisão ou o de outra medida coercitiva para a tutela direta da obrigação pecuniária ou de entrega de coisa – desenvolvida através de mecanismos sub-rogatórios.[177]

A tutela executiva das obrigações de fazer no Direito alemão também possui procedimentos e meios específicos, que variam de acordo com a fungibilidade da obrigação a ser satisfeita. Assim, tratando-se de obrigações de fazer fungíveis o § 887 da ZPO prevê o uso de medidas sub-rogatórias para a prestação da ação (fazer) pelo próprio credor ou por terceiros, à custa do devedor. É possível, inclusive, a condenação e execução prévias para a obtenção de numerário suficiente para arcar com as despesas decorrentes da atividade sub-rogatória.

De outro norte, cumpre observar que o legislador alemão reservou o uso de medidas coercitivas para a realização das obrigações de fazer infungíveis, com o inequívoco objetivo de induzir o devedor ao cumprimento específico da prestação

---

(176) DINAMARCO. *Instituições de direito processual civil...* p. 50.
(177) TALAMINI. *Tutela relativa aos deveres de fazer e de não fazer...* p. 81-82.

devida. Nota-se que esses meios executivos de coação indireta podem ser agravados à medida em que o devedor persistir no inadimplemento. Entretanto, em caso de satisfação do direito do credor, a incidência da medida cessa imediatamente, em virtude do seu caráter estritamente coercitivo, não possuindo finalidade ressarcitória ou punitiva.

Nesse mesmo sentido, a execução das obrigações de não fazer também se vale de medidas coercitivas para a concretização da situação jurídica de vantagem do credor, exercendo pressão sobre a vontade do devedor para que este se abstenha de realizar determinada atividade proibida pelo ordenamento jurídico.

Percebe-se que a previsão de execução indireta das obrigações de fazer infungível e de não fazer revela a clara opção do ordenamento jurídico germânico pela tutela específica dos direitos, transformando a tutela ressarcitória em uma mera preocupação secundária e de menor relevância para o sistema de tutela jurisdicional.

A execução indireta na Alemanha realiza-se mediante o emprego de duas modalidades de medidas coercitivas (denominadas na doutrina alemã de *Zwangsstrafen* ou *Zwangsmittel*): a multa (*Zwangsgeld*); e a prisão (*Zwangshoft*).

A multa é fixada pelo juiz de acordo com as peculiaridades do caso concreto. Consiste em um valor passível de majoração, com base na renitência do devedor em não cumprir a ordem judicial. Há, contudo, um limite legal para a estipulação desse valor, que obviamente não pode ser ultrapassado. Sua incidência é por dia de descumprimento da obrigação de fazer ou por violação à obrigação de não fazer.

Registre-se que a quantia arrecadada em virtude da incidência da multa é revertida em sua totalidade para o Estado, o que claramente reforça sua característica estritamente pública, de proteção da dignidade da justiça e da efetividade da tutela jurisdicional.

Ademais, é importante lembrar que, devido a seu caráter essencialmente coercitivo, a multa é aplicada independentemente da fixação ou não de indenização pelos prejuízos decorrentes do inadimplemento, tendo também sua incidência interrompida quando o devedor resolve cumprir a obrigação devida ou esta se torna impossível, a qualquer título, de ser realizada.

A segunda medida coercitiva prevista pelo ordenamento alemão para a execução indireta das obrigações de fazer infungíveis e de não fazer consiste na prisão do devedor, que perdura até o instante do cumprimento da obrigação ou o fim da conduta proibida (embora a legislação tenha fixado aqui também um limite máximo para sua duração). A prisão, da mesma forma que a multa, em virtude de seu caráter coercitivo, não pode ser mais aplicada em caso de impossibilidade do cumprimento da prestação devida, seja por culpa do devedor ou de terceiro.

Percebe-se, portanto, uma clara diferença entre a estrutura lógica das medidas coercitivas previstas pelo ordenamento alemão para a execução indireta das obrigações infungíveis e a estrutura lógica das medidas punitivas em geral. Ao contrário dessas últimas, que continuam a incidir independentemente de o fato ilícito punido cessar ou não, tanto a incidência da multa como a da prisão são interrompidas imediatamente com o cumprimento da obrigação ou com a abstenção da atividade proibida, embora o valor decorrente da aplicação da multa até este momento continue sendo devido.

Ademais, registre-se que a aplicação dessas duas medidas coercitivas depende de requerimento da parte, não sendo permitida a atuação *ex officio* do juiz. Tratando-se especificamente da execução de obrigações de não fazer, cumpre ressaltar que era possível a cominação de multa ou prisão de ofício pelo juiz. Hoje, porém, sua incidência também depende de requerimento do credor (ZPO, § 890,1).

Constitui tarefa exclusiva do juiz a escolha de qual medida coercitiva será aplicada ao caso concreto, assim como a dosagem dessa medida, limitada ao parâmetro legal. De outra parte, a iniciativa da execução das medidas coercitivas no Direito alemão é atribuída exclusivamente ao credor.

É vedada a incidência dos dois meios de execução indireta ao mesmo tempo, embora possa o juiz substituir um pelo outro em caso de patente inefetividade do primeiro para coagir o devedor a cumprir a ordem judicial.

Nota-se, ainda, que a multa é geralmente aplicada em primeiro lugar, sendo a prisão uma medida subsidiária. Contudo, nos casos em que de antemão a multa se revela insuficiente, a prisão poderá ser usada como medida coercitiva primária.[178]

De acordo com Eduardo Talamini, a legislação processual alemã nega a utilização das medidas coercitivas para a execução de obrigações de contrair matrimônio, reatar vida conjugal ou realizar tarefas infungíveis com base em contrato de trabalho (ZPO, § 888, 3). Ademais, assinala o mesmo autor que "parte da doutrina e da jurisprudência estende tal exclusão a todas as obrigações cuja prestação pressuponha especial capacidade científica, artística etc".[179]

É importante ratificar que o sistema de tutela executiva alemão adota uma postura rígida com relação à tipologia das obrigações e com seus procedimentos e meios executivos correspondentes. Dessa forma, é impossível, por exemplo, utilizar os meios executivos previstos para a execução de obrigações de fazer infungíveis para a satisfação de obrigações de entrega de coisa diversa de dinheiro. Os meios e os procedimentos executivos são excludentes entre si. O Direito alemão estabelece, categoricamente, apenas um meio executivo adequado para cada modalidade de obrigação (e suas subdivisões), não sendo permitido ao julgador adotar outro meio executivo diverso, mesmo que, diante do caso concreto, este se revele potencialmente mais efetivo.

---

(178) GUERRA. *Execução indireta*, p. 147-148.
(179) TALAMINI. *Tutela relativa aos deveres de fazer e de não fazer...* p. 79.

Nessa linha, sintetizando os principais aspectos da disciplina legal da execução na Alemanha, é lapidar o magistério de Marcelo Lima Guerra:

a) com base no critério dos diversos conteúdos que pode apresentar o direito a ser satisfeito *in executivis*, conteúdos esses categorizados na rígida tipologia das obrigações, de origem civilista, que as divide em obrigações de *dar* (*dinheiro ou coisa diversa*), de *fazer* (*prestação fungível e infungível*) e de *não fazer*, o legislador processual alemão disciplina, segundo a técnica *numerus clausus*, procedimentos e meios executivos específicos e diferenciados para cada uma dessas modalidades (e algumas subdivisões suas reconhecidas no direito alemão); tais meios estão dispostos numa relação biunívoca e excluem-se uns aos outros, vale dizer, a cada modalidade de obrigação (diferenciada segundo o "tipo" de seu conteúdo) se faz corresponder *um e somente um* meio e procedimento executivo;

b) é também com base no critério do conteúdo do direito a ser satisfeito que o legislador germânico traça o âmbito próprio de aplicação, quer dos meios executivos *sub-rogatórios* (execução direta), quer dos meios executivos de *coerção judicial* (execução indireta);

c) a elaboração de um sistema baseado no reconhecimento dos diversos conteúdos que uma obrigação pode apresentar e na imposição de um procedimento específico para cada uma das obrigações classificadas segundos seus possíveis conteúdos revela duas orientações gerais do sistema alemão, a saber:

c') a prioridade reconhecida pelo ordenamento positivo ao cumprimento específico das obrigações;

c") a preocupação em elaborar um sistema essencialmente efetivo e completo, no sentido de todas as obrigações tuteláveis em sede de execução forçada o poderem ser efetivamente, através de um procedimento específico e diferenciado, à luz das peculiaridades do direito a ser satisfeito;

d) finalmente, a elaboração de um sistema de tutela executiva *típico*, baseado, fundamentalmente, no critério do conteúdo do direito a ser satisfeito, deixa transparecer também a tentativa do legislador de simplificar e tornar objetiva a escolha do meio executivo mais adequado ao caso concreto, eliminando, quanto a isso, qualquer margem de valoração do órgão jurisdicional.[180]

Observa-se que o legislador alemão, ao estabelecer as regras processuais pertinentes à concretização no plano fático dos direitos substanciais, manifesta clara preocupação em conceber um sistema de tutela executiva tendencialmente completo, almejando relacionar exaustivamente um procedimento e um meio executivo adequado para cada situação de vantagem consagrada pelo ordenamento jurídico.

---

(180) GUERRA. *Execução indireta*. p. 140-141.

Nessa perspectiva, a disciplina do Direito germânico funda-se na premissa de que todas as situações de direito substancial cabem na tipologia civilista clássica das obrigações, construindo, a partir daí, os procedimentos e os meios executivos necessários para conferir a efetiva tutela jurisdicional desses direitos. Contudo, é preciso reconhecer que a rigidez do sistema executivo alemão pode ser responsável pelo surgimento de indesejáveis vazios de tutela jurisdicional.

Com efeito, é praticamente impossível o legislador antever com exatidão todas as necessidades de tutela do direito material, o que torna qualquer tentativa de tipificar de maneira exaustiva as formas de proteção para determinadas categorias de direito, sem a opção de escolha de outra que se mostre mais eficiente diante do caso concreto, fatalmente insuficiente e inadequada.

As dificuldades práticas encontradas pela doutrina e pela jurisprudência para distinguir as obrigações de fazer fungíveis das infungíveis devem ser lembradas neste sentido. Ademais, não se pode negar a existência de obrigações múltiplas ou complexas, compostas de vários tipos de prestações, não raramente indissociáveis. Como tutelar de forma efetiva essas situações de direito material por meio da estrutura rígida do sistema executivo alemão?

De fato, o Direito germânico parece estar na contramão da atual fase instrumentalista da ciência processual, que afirma ser imprescindível a construção de procedimentos e meios executivos ajustados às reais necessidades de tutela do direito material, e não o contrário: o direito material adequando-se à técnica processual disponível para a prestação da tutela jurisdicional.

Tal quadro inevitavelmente remete a Procusto, figura da mitologia grega que possuía um leito de ferro no caminho entre Mégara e Atenas, o qual tinha seu exato tamanho. Os viajantes que conseguia aprisionar eram estendidos no leito. Aqueles que não se ajustavam perfeitamente às medidas eram mutilados ou esticados até atingirem o cumprimento específico.[181]

Assim como no mito de Procusto, no sistema rígido germânico de tutela executiva são as situações de direito material que devem se ajustar aos seus moldes inflexíveis. E, caso não se ajustem, que sejam mutilados ou esticados para permitir uma tutela jurisdicional ao menos satisfatória.

Por fim, cumpre observar que, antes das reformas iniciadas na década de 1990, o Direito Processual brasileiro padecia dos mesmos males do Direito germânico, com um sistema de tutela executiva extremamente rígido, incapaz de se ajustar às reais necessidades de tutela verificadas no plano empírico. Hoje, felizmente, existem regras processuais abertas, que permitem ao julgador eleger o meio executivo mais adequado à situação concreta de direito material.

---

(181) VIEIRA, Epitácio Fragoso. Malinowski & Procusto: considerações metodológicas. In: *Educação em debate*, v. 6/7, n. 2/1, p. 1-15, jul./jun. 1983/84.

4. SANÇÕES APLICÁVEIS AO DESCUMPRIMENTO INJUSTIFICADO DAS DECISÕES JUDICIAIS ANTECIPATÓRIAS, CAUTELARES E INIBITÓRIAS NO PROCESSO DO TRABALHO

Nos tempos atuais, constitui vigorosa tendência metodológica da ciência processual o abandono das preocupações com sua autonomia ou com problemas meramente internos do sistema. O processo passou a ser encarado sob uma nova perspectiva, com foco em sua efetividade, o que, em última análise, significa que ele deve ser um instrumento efetivo de atuação do direito material.

Torna-se cada vez mais nítida a necessidade de todas as situações de direito material previstas pela ordem jurídica serem tuteladas adequadamente pelo processo. Nessa linha, nota-se que os provimentos jurisdicionais antecipatórios, cautelares e inibitórios nada mais são do que técnicas especialmente concebidas para, em certos e relevantes casos, permitir a prestação da adequada tutela dos direitos, sendo inegável a importância desses mecanismos processuais para a real efetivação dos direitos fundamentais trabalhistas.

Ocorre que, quando as decisões judiciais antecipatórias, cautelares e inibitórias não são espontaneamente cumpridas por seus destinatários, todo o potencial transformador dessas modernas técnicas processuais é imediatamente esterilizado, tornando o ato decisório simples formalidade, sem qualquer utilidade prática para o seu beneficiário.

Com efeito, o descumprimento injustificado dessas decisões caracteriza verdadeira forma de denegação de justiça. Trata-se de um grave problema social, que se contrapõe ao princípio da inafastabilidade do controle judicial, o que não pode ser tolerado por um Estado Democrático de Direito.

Daí a razão de as normas processuais estabelecerem sanções aplicáveis à parte que se opõe às ordens judiciais, inutilizando o resultado do processo.[182] Quando a tutela executiva revela-se inviável ou insuficiente para satisfazer o direito reconhecido em sentença ou sumariamente vislumbrado em decisão judicial antecipatória ou cautelar, cabe ao julgador fazer uso das sanções de natureza pecuniária e pessoal para assegurar a efetividade da tutela jurisdicional. De fato, é inquestionável que

---

(182) GRINOVER. *Revista de Processo*, p. 220.

a possibilidade de ameaçar a parte renitente em não cumprir determinada ordem judicial com um dano pecuniário ou pessoal transparece como uma importante ferramenta na busca por um processo efetivo "que constitua instrumento eficiente de realização do direito material".[183]

O operador do direito não pode ignorar que uma postura passiva diante desse grave problema social tem reflexos imediatos sobre a efetividade da tutela jurisdicional, constituindo relevante motivo para a propagação indesejável dessa postura de flagrante desrespeito aos órgãos prestadores de jurisdição.

Nesse sentido, este capítulo pretende analisar as sanções aplicáveis, de natureza pecuniária e pessoal, ao descumprimento injustificado das decisões judiciais antecipatórias, cautelares e inibitórias no processo do trabalho, sempre sob a perspectiva de incremento da efetividade da tutela jurisdicional trabalhista.

4.1. Medida coercitiva patrimonial: multa – arts. 287 e 461, § 4º do CPC

4.1.1. Natureza

As reformas do Código de Processo Civil brasileiro, ao alterarem a redação do art. 461 do citado diploma, tiveram o mérito de consagrar a absoluta preferência pela tutela específica do direito em detrimento da tutela pelo seu mero correspondente pecuniário. Nesse sentido, estabeleceu-se um amplo sistema de tutela executiva, com destaque para a utilização de medidas de caráter coercitivo (execução indireta), para alcançar o exato resultado que se teria com o adimplemento natural e espontâneo do direito material, evitando-se, assim, sua insuficiente substituição por uma quantia pecuniária correspondente ao dano verificado no caso concreto.

Destarte, para assegurar o cumprimento específico das obrigações, o legislador instituiu a possibilidade de ameaçar o réu com a cominação de uma sanção pecuniária em caso de resistência injustificada à ordem judicial. Trata-se da multa prevista pelo § 4º do art. 461 do CPC, aplicável em caso de descumprimento do comando judicial, de ofício ou a requerimento da parte, inclusive na hipótese de antecipação da tutela.

Por ser empregada com total independência da indenização por perdas e danos decorrente do inadimplemento da obrigação, é cediço, tanto na doutrina como na jurisprudência, que a multa em questão possui natureza de medida coercitiva. Tal caráter coercitivo está expressamente consagrado no § 2º do art. 461 do CPC: "a indenização por perdas e danos dar-se-á sem prejuízo da multa (art. 287)".

Nesse mesmo sentido assinala Cândido Rangel Dinamarco:

> Das *medidas necessárias* autorizadas pelo Código de Processo Civil como meios de induzir o obrigado ao adimplemento das obrigações específicas,

---

(183) MOREIRA, José Carlos Barbosa. Por um processo socialmente efetivo. In: *Revista Síntese de Direito Civil e Processual Civil*, Porto Alegre, Síntese, v. 2, n. 11, p. 5-14, mai./jun. 2001. p. 5.

têm bastante realce as multas coercitivas, que são a versão brasileira das *astreintes* concebidas pelos tribunais franceses com a mesma finalidade. Elas atuam no sistema mediante o agravamento da situação do obrigado renitente, onerando-o mais e mais a cada hora que passa, ou a cada dia, mês ou ano, ou a cada ato indevido que ele venha a repetir, ou mesmo quando com um só ato ele descumprir irremediavelmente o comando judicial – sempre com o objetivo de criar em seu espírito a consciência de que lhe será mais gravoso descumprir do que cumprir a obrigação emergente do título executivo.[184]

Nota-se, portanto, que a multa prevista pelos arts. 287 e 461, § 4º, do CPC não é pena para sancionar o réu em razão do não cumprimento de uma obrigação fixada em sentença ou em decisão judicial antecipatória. Trata-se de meio de coação destinado a induzir o devedor a cumprir espontaneamente a ordem judicial, com o escopo de possibilitar que as situações jurídicas de vantagem sejam usufruídas tal como estabelecidas em lei ou contrato. Daí porque a literatura especializada afirma que esse mecanismo processual tem natureza de medida coercitiva, e não punitiva ou ressarcitória.

Nessa linha, a multa coercitiva não pode ser confundida com a multa prevista pelo parágrafo único do art. 14 do CPC, que impõe sanção pecuniária à parte que descumprir provimentos mandamentais ou criar embaraços à efetivação das decisões judiciais antecipatórias ou finais. Ao aplicar esta multa, o juiz pretende simplesmente punir uma conduta indevida da parte ocorrida no passado, enquanto que a cominação daquela volta-se estritamente para o futuro, com a finalidade de conferir efetividade à tutela jurisdicional.[185]

É preciso perceber que a multa coercitiva exerce uma função eminentemente pública, tendo por objetivo assegurar a efetividade das decisões judiciais, o que revela a sua total distinção com relação ao fim perseguido pela indenização por perdas e danos ou pela imposição de medidas de caráter punitivo.

4.1.2. Hipóteses de cabimento da multa

De acordo com o art. 461, § 4º, do CPC, o juiz *poderá* impor multa diária sempre que esta se revelar *suficiente* ou *compatível* com a obrigação. Adverte-se que o uso da expressão "poderá" no corpo do texto da norma não significa que a decisão sobre a incidência da multa se trata de um ato discricionário do julgador, cabendo-lhe decidir livremente sobre a conveniência de sua aplicação.

Em razão do inquestionável potencial da multa coercitiva para realizar a tutela específica do direito, privilegiando-se a concretização *in natura* das situações jurídicas de vantagem, constitui *dever* do juiz empregá-la toda vez que se verificar a

---

(184) DINAMARCO. *Instituições de direito processual civil...* p. 535.
(185) *Ibidem*, p. 537-538.

sua utilidade, ainda que mínima, para induzir o devedor ao cumprimento da ordem judicial. Vale dizer: sendo *suficiente* ou *compatível* com a obrigação, o julgador não poderá abrir mão dessa poderosa ferramenta concebida especialmente para promover a efetividade dos direitos substanciais.[186]

De outro norte, se em virtude do caso concreto revelar-se incapaz de influenciar a vontade do devedor, a multa não deverá ser empregada, uma vez que totalmente incompatível com a sua natureza de meio coercitivo. Cita-se como exemplo a hipótese de notória insolvência do devedor, ocasião em que, inequivocamente, medidas de constrição patrimonial não poderão produzir qualquer efeito sobre a sua intenção em cumprir o comando judicial, cabendo ao julgador adotar outros mecanismos coercitivos mais eficazes (genericamente autorizados pelo art. 461, § 5º, do CPC).

Ademais, questiona-se a respeito da aplicabilidade da multa coercitiva diante de deveres fungíveis. É oportuno observar que, embora assuma especial relevância na tutela de obrigações infungíveis – isto é, aquelas que são realizadas apenas com a participação da pessoa do obrigado –, a multa também pode ser cominada para a atuação de direitos fungíveis, que independem da vontade do obrigado para a sua realização.

Conforme anota Eduardo Talamini, a possibilidade de utilização de mecanismos sub-rogatórios não afasta a incidência da multa coercitiva para induzir o próprio devedor a cumprir espontaneamente a ordem judicial. Até porque, completa o eminente processualista, "muitas vezes, a obtenção do resultado específico sem o concurso do réu ('resultado prático equivalente'), conquanto possível, é extremamente onerosa e (ou) complexa".[187]

Exatamente nessa mesma ordem de ideias é o magistério de Luiz Guilherme Marinoni e Sérgio Cruz Arenhart:

> A execução sob pena de multa é mais rápida, barata e simples do que a execução que depende do encontro de terceiro para fazer o que deveria ter sido feito pelo réu, ou mesmo do que a execução que é realizada por um agente ou oficial da jurisdição.
>
> Não é justo obrigar o autor a adiantar as despesas necessárias ao fazer quando é o réu que deve. Obrigar ao autor a pagar para o terceiro fazer, reservando-se a ele o direito ao ressarcimento da quantia despendida, implica uma verdadeira irracionalidade. Ora, se é verdade que não há sentido em se executar o réu por quantia certa para somente depois se iniciar a execução do fazer, isto significa que a melhor opção, mesmo na hipótese de fazer fungível, é o emprego da multa.
>
> Quando se diz que a obrigação infungível deve ser tutelada através da multa, não se quer dizer que *apenas* esta espécie de obrigação pode ser tutelada desta

---
(186) TALAMINI. *Tutela relativa aos deveres de fazer e de não fazer...* p. 242.
(187) *Ibidem*, p. 244-245.

forma, mas sim que a obrigação infungível *somente* pode ser tutelada mediante a imposição de multa. Se todos têm direito à tutela jurisdicional efetiva – efetividade que poderia ser comprometida caso a execução tivesse que ser feita necessariamente, na hipótese de obrigação fungível, através da execução forçada ou por sub-rogação –, e se o processo não pode prejudicar o autor que tem razão, não há como admitir que a tutela jurisdicional que implica em um fazer fungível não possa ser executada através de multa. (Grifos do autor)[188]

Percebe-se que os arts. 287 e 461, § 4º, do CPC não fazem qualquer distinção no que diz respeito à cominação da multa coercitiva entre obrigação infungível e obrigação fungível, não cabendo ao intérprete ou julgador distinguir onde a lei não distingue. Por essa razão, afirma-se que esta é cabível para tutelar tanto as obrigações infungíveis como as obrigações fungíveis.

Além disso, diante do atual quadro em que se encontra a Justiça do Trabalho, marcada pela incapacidade de tutelar de forma efetiva e tempestiva os direitos fundamentais trabalhistas, é impensável sustentar que a execução realizada mediante mecanismos sub-rogatórios seja a opção mais adequada para a esfera laboral do que a execução sob pena de multa, cujo fim é convencer o próprio réu a cumprir o comando judicial, buscando o exato resultado que se teria com o adimplemento natural e espontâneo do direito material.

4.1.2.1. Multa e tutela antecipada de soma em dinheiro

Discute-se, ainda, sobre o emprego da multa coercitiva para dar efetividade à tutela antecipada de soma em dinheiro. É evidente que, na hipótese de obrigação de pagar ou ressarcir em dinheiro, a antecipação dos efeitos práticos da sentença final de mérito pressupõe a possibilidade de sua execução – ou a realização do crédito – no decorrer da fase de conhecimento. Nesse contexto, sabendo-se que a execução dessa espécie de obrigação deve ser realizada, em princípio, por meio do modelo da alienação forçada de bens, pergunta-se: É viável a utilização da multa coercitiva para convencer o réu a pagar sem delongas a quantia estabelecida em decisão judicial antecipatória?

É importante observar que o princípio constitucional da efetividade da tutela jurisdicional, insculpido no art. 5º, inciso XXXV, da Lei Magna, não assegura apenas a tutela jurisdicional efetiva e tempestiva dos direitos, mas também o direito ao meio executivo adequado à situação de direito material verificada no plano empírico. Destarte, se a execução por expropriação mostrar-se inapropriada para a atuação da tutela antecipada de soma em dinheiro, em razão das necessidades do credor ou das particularidades do devedor, mister se faz o uso de outras técnicas processuais executivas, inclusive a imposição de multa coercitiva, para que a tutela jurisdicional seja prestada nos moldes estabelecidos pela Constituição da República.

---

(188) MARINONI; ARENHART. *Curso de processo civil...* p. 76-77.

Como bem assinala Luiz Guilherme Marinoni, o legislador, ao atribuir poder ao julgador de conceder a tutela antecipada, autorizou também a utilização dos mecanismos processuais necessários à concretização desse poder, o que inclui a possibilidade de usar a multa coercitiva para efetivar a antecipação da tutela. Nesse sentido, anota o ilustre processualista paranaense que, se diante de determinado caso concreto a efetivação da tutela antecipada depender da cominação da multa, esta deverá ser deferida pelo juiz em decorrência do direito fundamental à tutela jurisdicional efetiva, prescindindo de previsão expressa para a incidência desse meio executivo. E, com fulcro na lição de Michele Taruffo, complementa de maneira lapidar:

> [...] *a melhor execução é aquela que não é necessária. A forma ideal de realização de um direito se dá por intermédio do adimplemento voluntário. Ora, se o desejável é o adimplemento voluntário, a melhor via de execução é a indireta, ou seja, aquela que atua sobre a vontade do obrigado visando ao seu adimplemento. Nota-se que a "execução" sob pena de multa, além de dar àquele que tem um direito uma tutela jurisdicional mais célere e de "livrar" a administração da justiça de um procedimento oneroso e longo, elimina os custos e os riscos inerentes à execução por expropriação, culminando por ser mais benéfica, em um certo sentido, também ao devedor.* (Grifos do autor)[189]

Com efeito, a execução por expropriação consiste em um caminho mais complexo, oneroso e demorado tanto para as partes como para o Poder Judiciário. Nessa linha, a tutela antecipada de soma fundada no perigo de dano irreparável fatalmente será inefetiva se executada mediante mecanismos sub-rogatórios, sendo imprescindível a utilização de medidas de caráter coercitivo para promover a rápida realização do direito.

Ademais, é importante notar o relevante papel que a multa pode assumir no cotidiano da jurisdição trabalhista para a efetivação da tutela antecipada do pagamento de quantia em dinheiro. De fato, diante da natureza alimentar das verbas trabalhistas e da natural posição de debilidade econômica do trabalhador em relação ao empregador, em poucos setores adquire tamanha importância a rápida tutela dos direitos como no ramo justrabalhista. Dessa forma, a possibilidade de ameaçar o devedor com uma

---

(189) MARINONI. *Antecipação da tutela*, p. 226.
Nessa mesma linha de raciocínio, é interessante registrar as palavras de Michele Taruffo, professor de direito processual civil da Universidade de Pavia, que propõem a revisão na Itália da necessária correlação entre a sentença condenatória e a execução forçada:
"Não se exclua, em outros termos, a eventualidade de medidas de coerção indireta, cumuláveis com a possibilidade da execução direta, dirigidas a provocar o adimplemento espontâneo. Não se trata, como é óbvio, de evocar o fantasma da prisão por dívida, mas de considerar se a ameaça de uma sanção (ainda que apenas de caráter pecuniário, segundo o modelo da *astreinte*) pode ter efetividade para induzir ao adimplemento, com isso evitando o recurso à execução forçada. *A possibilidade de obter o adimplemento, evitando assim as complicações, os custos e os riscos de ineficácia inerentes à execução por expropriação, constitui a razão de fundo que deverá animar a que se percorra de forma decisiva o caminho da introdução de adequadas medidas coercitivas, ainda que destinadas a garantir a efetividade das sentenças que condenam ao pagamento de dinheiro*" (Grifos do autor) (TARUFFO, Michele. Note sul diritto alla condanna e all'esecuzione. *Rivista critica del diritto privato*, p. 668, 1986 *apud* MARINONI. *Antecipação da tutela*, p. 227).

sanção pecuniária, que tornará desvantajoso o decurso do tempo para a realização de direitos que quase sempre estão expostos ao perigo de dano irreparável quando não satisfeitos de imediato, não pode ser descartada pelo julgador para a efetivação da tutela antecipada com vistas ao pagamento de verbas trabalhistas em geral.

Registre-se, contudo, que não se está propondo aqui que toda e qualquer antecipação de tutela para o pagamento de soma em dinheiro deve ser efetivada mediante a utilização da multa coercitiva, ignorando-se por completo a execução por expropriação. É preciso que fique bem claro que a possibilidade de execução indireta dessa espécie de tutela constitui apenas mais uma alternativa para a atuação do direito, cabendo ao juiz escolher o meio executivo mais adequado à situação fática e ao direito material envolvido no litígio.

4.1.3. Valor e periodicidade de incidência da multa

A fixação do valor da multa deve ser orientada pela sua natureza de medida coercitiva. Dessa forma, para que a multa processual possa constituir um autêntico mecanismo de pressão, é preciso que ela seja estabelecida em montante suficiente para convencer o réu que, diante da possibilidade de incidência da sanção pecuniária, a melhor alternativa é cumprir espontaneamente a decisão judicial.

É oportuno registrar que o legislador não estabelece critérios rígidos para o julgador dimensionar o valor da multa coercitiva, determinando apenas que ela deve ser *suficiente* ou *compatível* com a obrigação (§ 4º do art. 461 do CPC). Isso não quer dizer, obviamente, que o juiz detém ampla e irrestrita liberdade para fixar o valor da multa. Não se trata de ato discricionário a determinação do valor da multa, devendo ele adequar-se aos princípios da razoabilidade e da proporcionalidade para que seja arbitrado um montante realmente apto a influenciar a vontade do réu, mas sem chegar ao ponto de ser excessivo ou insuficiente.

Exatamente no mesmo sentido assinala Cândido Rangel Dinamarco:

> Estamos no campo da *jurisdição de equidade*, no qual o juiz decide sem as limitações ordinariamente impostas em lei mas deve também estar atento aos objetivos a serem atingidos, ao valor do justo e à realidade econômica, política, social ou familiar em que se insere o conflito. No que se refere às *astreintes*, ele as arbitrará com atenção ao binômio suficiência-compatibilidade, estabelecido no § 4º do art. 461 do Código de Processo Civil, sem ficar em níveis que não cheguem a preocupar o obrigado teimoso nem passar aos exageros de multas arrasadoras e provavelmente difíceis de serem pagas. (Grifos do autor)[190]

Com efeito, são as particularidades do caso concreto que constituem as principais balizas para a definição do valor da multa (potencial econômico do devedor, sua

---
(190) DINAMARCO. *Instituições de direito processual civil...* p. 537.

capacidade de resistência, dificuldades práticas para cumprir a ordem judicial, vantagens proporcionadas pelo inadimplemento, valores não patrimoniais envolvidos etc.), podendo, inclusive, ultrapassar o montante atribuído ao bem jurídico tutelado.

É voz corrente tanto na doutrina como na jurisprudência que o valor da multa coercitiva não se limita ao da obrigação principal nem ao dos danos decorrentes do inadimplemento. Nesse sentido, o § 2º do art. 461 do CPC estabelece que a multa coercitiva não se confunde com a indenização por perdas e danos, não sendo coerente, pois, pensar que o seu valor deve limitar-se ao da prestação inadimplida. Toma-se como exemplo a multa que incide por um longo período em virtude apenas da renitência do devedor em não cumprir o comando judicial. Ora, em tal hipótese não é desproporcional nem destoa da ordem jurídica que o valor derivado da incidência da multa ultrapasse o da obrigação, uma vez que o montante originou-se da própria conduta antijurídica do devedor.

Nessa mesma ordem de ideias, é lapidar a lição de Luiz Guilherme Marinoni:

> Atualmente, em face dos arts. 461, CPC, e 84, CDC, não há mais qualquer dúvida acerca da possibilidade de a multa exceder ao valor da prestação. Isso pela razão de que essas normas, *atreladas à ideia de que a tutela específica é imprescindível para a realização concreta do direito constitucional à efetiva tutela jurisdicional, não fazem qualquer limitação ao valor da multa*. Ademais, afirmam expressamente que a indenização por perdas e danos dar-se-á sem prejuízo da multa (arts. 461, CPC, e 84, CDC, §§ 2º). O que se quer dizer, com isso, é que a multa será devida independentemente de ser porventura igualmente devida a indenização. Sublinhe-se que, se a multa não for suficiente para convencer o réu a adimplir, ela poderá ser cobrada independentemente do valor devido em face da prestação inadimplida e do eventual dano provocado pela falta do adimplemento na forma específica e no prazo convencionado. (Grifos do autor)[191]

Percebe-se que a razão pela qual o valor da multa não se relaciona com o da obrigação ou o da indenização por perdas e danos decorre diretamente da sua natureza de medida coercitiva, sendo utilizada com o único objetivo de convencer o devedor a cumprir a decisão judicial, sem, portanto, qualquer caráter reparatório ou, mesmo, repressivo.

Ademais, resulta também da função coercitiva da multa outro importante aspecto do regime jurídico a que ela se subordina, e que consiste no poder do julgador de modificar o seu valor ou a sua periodicidade, independentemente de requerimento da parte, sempre que houver alteração do quadro fático que fundamentou a sua cominação originária. Tal possibilidade está insculpida no § 6º do art. 461 do CPC, permitindo-se, por exemplo, aumentar o valor da multa diante da continuada recusa do devedor em cumprir a decisão judicial, ou reduzir esse valor quando este

---

(191) MARINONI. *Técnica processual e tutela de direitos*, p. 293.

revelar-se excessivo diante do cumprimento de parte do comando judicial ou, ainda, alterar a periodicidade da multa para que ela incida em intervalos de tempo maiores ou menores do que os originalmente fixados.

É preciso reconhecer que, embora os §§ 4º e 5º do art. 461 do CPC falem em "multa diária" e em "multa por tempo de atraso", é possível estabelecê-la também em valor fixo e com momento único de incidência.

De fato, existem determinadas situações de direito material que não suportam violação, devendo ser protegidas por meio de técnicas processuais preventivas (tutela inibitória). Em tais hipóteses, é imprescindível que a multa seja fixada em montante considerável e com incidência única para que possa realmente convencer o réu a não cometer o ilícito, permitindo-se, assim, a tutela específica do direito. Nessa mesma linha, assevera Eduardo Talamini:

> A cominação de multa de periodicidade *diária* só é adequada quando se está diante de deveres de fazer e de não fazer cuja violação não se exaure em um único momento. Nos casos em que, inobservado o dever, torna-se, ato contínuo, impossível sua consecução específica, não há que falar de multa *por dia de descumprimento* (Grifos do autor) [...].
>
> [...]
>
> Para tais situações, é necessária, em caráter preventivo, a imposição de multa de valor fixo, que incidirá somente uma vez, se e quando houver violação. Nessa hipótese, o que se prestará a influenciar a conduta do réu não será a perspectiva de aumento progressivo da coerção patrimonial em virtude de incidência diária, mas a ameaça da incidência única. Portanto, a cominação haverá de ser estabelecida em valor significativo. [192]

Nota-se que o § 5º do art. 461 do CPC confere ao juiz o poder de utilizar as medidas necessárias para a efetivação da tutela específica, o que, diante das peculiaridades do caso concreto, permite que essa multa seja imposta em valor fixo e com momento único de incidência.

Luiz Guilherme Marinoni e Sérgio Cruz Arenhart assinalam, ainda, que é absolutamente possível que a própria decisão originária determine, desde logo, a incidência "da multa em valor progressivo, capaz de aumentar na proporção do tempo de atraso no cumprimento, e, assim, diante da capacidade de resistência do demandado". E completam:

> A circunstância de o art. 461, § 6º do CPC autorizar o juiz a "modificar o valor ou a periodicidade da multa, caso verifique que se tornou insuficiente ou excessiva" – mesmo que de ofício –, certamente não impede que a multa seja fixada desde logo na forma progressiva. Considerada a

---

(192) TALAMINI. *Tutela relativa aos deveres de fazer e de não fazer...* p. 242-243.

finalidade da multa e a possibilidade – que é inerente à sua utilização – de o devedor resistir à pressão que ela tem por fim exercer, é até mesmo aconselhável que o juiz fixe uma multa que aumente progressivamente com o passar do tempo. O fluir do tempo sem o adimplemento do réu evidencia sua capacidade de resistência, e, se o objetivo da multa é justamente quebrar esse poder de resistir, nada mais natural do que sua fixação em caráter progressivo.[193]

Ademais, é relevante refutar o argumento no sentido de que a coisa julgada constitui óbice à cominação de multa não prevista na sentença ou à alteração daquela anteriormente fixada. Trata-se a multa de meio executivo utilizado para efetivar a decisão judicial, não se confundindo com a própria pretensão de direito material reconhecida em juízo, a qual constitui o objeto da coisa julgada. Nesse sentido, calha colacionar a incisiva lição de Eduardo Talamini:

> A imutabilidade da coisa julgada recai sobre a pretensão que foi acolhida – ou seja, sobre a determinação de que se obtenha o resultado específico a que tenderia a prestação que foi descumprida. Não abrange o valor da multa, nem mesmo a sua imposição. A multa é elemento acessório, instrumento auxiliador da "efetivação" do comando revestido pela coisa julgada. Logo, quando o juiz acolhe a pretensão formulada com base no art. 461, estão automaticamente autorizados, para efetivá-la, todos os meios previstos pelo ordenamento com tal finalidade.
>
> Pelas mesmas razões, a ausência de vinculação da multa ao pedido do autor não é exceção ao princípio da congruência entre a demanda e a sentença. O autor pede a obtenção do resultado específico, que será acolhido ou não. Sendo deferido, a definição dos meios de atuação da tutela pretendida não se confunde com a pretensão formulada – ainda quando o autor houver expressamente sugerido um valor de multa.[194]

Por fim, cumpre ressaltar que a modificação do valor e da periodicidade da multa também não fica subordinada ao mero arbítrio do julgador, devendo ser motivada por uma alteração do plano fático existente no momento da cominação originária que as justifiquem.

4.1.4. Termo inicial e termo final da multa

O § 4º do art. 461 do CPC estabelece que na ordem dirigida ao réu o juiz deverá fixar na sentença ou na decisão antecipatória "prazo razoável para o cumprimento do preceito".

Observa-se que a legislação não impõe parâmetros rígidos para a determinação desse prazo. Mais uma vez, as nuanças do plano fático constituem o principal norte

---

(193) MARINONI; ARENHART. *Curso de processo civil...* p. 80.
(194) TALAMINI. *Tutela relativa aos deveres de fazer e de não fazer...* p. 250-251.

para se definir o lapso temporal necessário ao cumprimento da ordem judicial. Conforme os princípios da proporcionalidade e da razoabilidade, o prazo não deve ser nem muito pequeno, ao ponto de tornar impossível a realização tempestiva do direito do autor, nem demasiadamente grande, de maneira que o tempo transforme a tutela concedida em providência inútil.

Ademais, é importante registrar que a prática forense revela casos em que a realização da situação jurídica de vantagem do autor não suporta nenhuma dilação temporal, devendo o juiz determinar o imediato atendimento ao comando judicial. Por outro lado, é preciso reconhecer também a existência de obrigações múltiplas ou complexas que requerem um razoável período de tempo para que sejam cumpridas, o que implicará, fatalmente, a fixação de um prazo mais dilatado.

Após o vencimento do "prazo razoável", previsto pelo § 4º do art. 461 do CPC, a multa começa a incidir.

Nota-se que, como no processo do trabalho os recursos não possuem, em regra, efeito suspensivo (art. 899 da CLT), a ordem contida em sentença é prontamente eficaz, devendo a multa passar a incidir logo após o prazo concedido para o cumprimento do preceito. O mesmo se observa quando a multa é fixada para dar efetividade à tutela antecipada (art. 273 do CPC), uma vez que a decisão que a concede também produz efeitos imediatos.

Em caso de alteração do valor ou periodicidade da multa em virtude da modificação do quadro fático que fundamentou a sua cominação originária, a nova multa coercitiva passará a incidir somente a partir da ocorrência desses fatos que motivaram a alteração.[195]

O termo final da multa é estabelecido em função da sua natureza coercitiva. Dessa forma, diante do cumprimento da ordem judicial, da impossibilidade de efetivação da tutela específica ou da incapacidade da sanção pecuniária coagir o réu a adimplir, cessa a incidência da multa. Com efeito, não há sentido nenhum na continuidade da incidência da multa quando ela perde a aptidão de influenciar a conduta do réu ou, mesmo, diante da impossibilidade de se obter a tutela específica, uma vez

---

(195) Em sentido contrário, Eduardo Talamini assinala que, tratando-se de "aumento do montante originariamente estabelecido, esse incidirá a partir da sua comunicação ao demandado (que se fará acompanhar de reiteração da ordem para que cumpra) – e não a partir dos fatos acarretadores do aumento." De acordo com o ilustre processualista, como o objetivo da elevação da multa é coagir ainda mais o réu ao cumprimento da ordem judicial, "não faria sentido sua incidência antes mesmo de estar desempenhando essa função – o que só ocorrerá quando o demandado tiver ciência da majoração" (TALAMINI. *Tutela relativa aos deveres de fazer e de não fazer...* p. 254).
Ocorre que, se o fundamento para a alteração do valor ou da periodicidade da multa é a alteração do quadro fático que justificou a sua cominação original, parece que não faz sentido atrelar a incidência da multa majorada à comunicação ao réu. Dessa forma, na hipótese em que o aumento do valor da multa é baseado no descumprimento de parte do comando judicial, esse novo valor apenas surtirá efeito após a efetiva comunicação ao demandado. Ora, é preciso notar que o réu, ao não adotar a conduta prescrita pelo julgador, descumpre de modo consciente e voluntário uma decisão judicial, devendo o novo valor incidir a partir deste momento, e não somente após ele ter ciência da majoração.

que essa se trata de meio executivo de caráter eminentemente coercitivo, utilizado com o objetivo de promover a efetividade dos direitos, sem, portanto, qualquer fim ressarcitório ou punitivo.

Nesse mesmo sentido, é conclusivo o magistério de Eduardo Talamini:

> Persistindo o réu no desatendimento do comando judicial e, posteriormente, tornando-se jurídica ou materialmente inviável que conduta sua atinja o resultado específico, deixa de incidir a multa, do momento da ocorrência da impossibilidade em diante. Evidentemente, o demandado arcará com todas as consequências civis (custeio de eventuais providências sub-rogatórias; indenização pelas perdas e danos) e, eventualmente, penais da sua desobediência. Arcará, por igual, com o crédito decorrente do período em que a multa incidiu – que não só permanecerá devido, como *não será abatido* do valor da indenização por perdas e danos (art. 461, § 2º), nem do montante necessário ao custeio da eventual produção de resultado prático equivalente. Apenas, a partir da impossibilidade, a multa – que não tem diretamente finalidade reparatória ou punitiva, e não é meio de pressão aplicável ao pagamento de indenização pecuniária – não mais incidirá. (Grifos do autor)[196]

Registre-se que o pleito de conversão da obrigação em indenização por perdas e danos faz cessar também a incidência da multa coercitiva (§ 1º do art. 461 do CPC). Do mesmo modo, com a obtenção do resultado específico mediante mecanismos sub-rogatórios, a multa deixará de incidir.

Por fim, cumpre analisar a problemática situação em que o réu não cumpre a decisão judicial, a tutela específica não se torna impossível nem é alcançada por meios sub-rogatórios, e o autor não requer a conversão da obrigação em indenização por perdas e danos. Questiona-se se a multa deverá incidir indefinidamente ou se o juiz deverá determinar de ofício o ressarcimento pecuniário correspondente ao bem jurídico lesado.

Segundo Marcelo Lima Guerra, a utilização da multa deverá sempre estar de acordo com a sua aptidão em influenciar a vontade do réu no sentido de atender ao comando judicial. Destarte, a impassibilidade do réu diante da incidência da multa por um longo período de tempo representaria a inadequação da sanção pecuniária para o caso concreto, o que justificaria o fim da incidência da multa coercitiva.[197]

Em sentido contrário, afirma Eduardo Talamini que a simples insistência do réu em não cumprir a decisão judicial não significa que a sanção pecuniária é inadequada para promover a efetivação da tutela específica, muito menos que esta se tornou impossível. E completa com propriedade:

---

(196) *Ibidem*, p. 254-255.
(197) GUERRA. *Execução indireta*, p. 190.

Para a caracterização da inadequação superveniente, há de se acrescer à resistência em cumprir algum outro fator que lhe seja externo. É o que ocorreria, por exemplo, se o réu que persiste no descumprimento do comando caísse em insolvência (eventualmente causada pela dívida derivada da incidência da multa). A rigor, nesses casos, a inadequação nem mesmo advém da continuidade da transgressão do comando judicial – e sim do evento externo. E, quando isso efetivamente ocorrer, além do emprego dos meios sub-rogatórios, caberá verificar a adequação de medidas coercitivas atípicas (art. 461, § 5.º) – para só depois cogitar-se da conversão em perdas e danos.

Portanto, não parece correto afirmar que a simples insistência do réu em descumprir baste para impor a cessação da incidência da multa. Em princípio, a multa deverá continuar a incidir. Não advindo a insolvência do réu, ou outro elemento que a torne inadequada, não há o que obste sua aplicação. Fazê-la cessar significaria premiar a recalcitrância do réu. E isso seria um mal maior do que a potencialidade de "enriquecimento sem causa" gerada pela incidência ilimitada da multa.[198]

Com efeito, o julgador deverá determinar o fim da incidência da multa coercitiva somente em caso de absoluta impossibilidade de concretização da tutela específica ou diante da inequívoca incapacidade de a sanção pecuniária coagir o réu ao cumprimento da ordem judicial. Afora essas hipóteses, a insistência em não seguir o preceito deverá justificar a majoração do valor da multa, assim como a conjugação de medidas sub-rogatórias para a consecução do resultado específico. Não se descarta, ainda, a adoção de medidas coercitivas atípicas expressamente autorizadas pelo § 5º do art. 461 do CPC, com o intuito de aumentar a pressão sobre a intenção do réu em cumprir a decisão judicial. Em virtude da absoluta preferência pela tutela específica dos direitos adotada pelo ordenamento jurídico brasileiro, apenas após o concerto dos citados meios de execução direta e de execução indireta sem, no entanto, obter-se o resultado almejado, é que o juiz deverá optar pela tutela meramente ressarcitória do bem jurídico lesado.

4.1.5. Exigibilidade da multa

O crédito derivado da incidência da multa é exigível a partir do momento em que for eficaz a decisão que a impôs. Isto quer dizer que, não estando a decisão que fixou a multa sujeita a recurso com efeito suspensivo, ela pode ser imediatamente cobrada.[199]

---

(198) TALAMINI. *Tutela relativa aos deveres de fazer e de não fazer*... p. 256-257.
(199) Nessa mesma linha: MARINONI; ARENHART. *Curso de processo civil*... p. 80; TALAMINI. *Tutela relativa aos deveres de fazer e de não fazer*... p. 258.
Em sentido contrário, assevera Cândido Rangel Dinamarco que: "a exigibilidade dessas multas [multas coercitivas], havendo elas sido cominadas em sentença mandamental ou em decisão antecipatória da tutela específica (art. 461, § 3º), ocorrerá sempre a partir do trânsito em julgado daquela – porque, antes, o próprio preceito pode ser reformado e, eliminada a condenação a fazer, não-fazer ou entregar, cessa também a cominação. Não seria legítimo impor ao vencido o efetivo desembolso do valor das multas enquanto ele, havendo recorrido, ainda pode ser eximido de cumprir a própria obrigação principal e, consequentemente, também de pagar pelo atraso"

Dessa forma, se a multa é fixada para dar efetividade à tutela antecipada, ultrapassado o prazo estabelecido pelo juiz para o cumprimento espontâneo da ordem judicial, ela pode ser desde logo exigida, uma vez que o provimento concessivo da antecipação possui eficácia imediata. Contudo, como a tutela antecipada é baseada em cognição sumária, a cominação da multa é provisória, impondo-se a execução igualmente provisória do crédito derivado de sua incidência (art. 475-O do CPC).[200]

Do mesmo modo, a multa imposta em sentença proferida pela Justiça do Trabalho também pode ser cobrada imediatamente após o início da desobediência (não cumprimento do prazo estabelecido), visto que os recursos são recebidos apenas no efeito devolutivo, o que é regra no processo trabalhista, conforme o art. 899 da CLT. Entretanto, cumpre ressaltar que, estando a sentença na pendência de recurso, a execução do valor da multa coercitiva deverá ser provisória.

Registre-se, ainda, que a multa instituída na fase de execução (§§ 4º e 5º do art. 461 do CPC) é exigível ao vencimento de cada unidade periódica de incidência determinada pelo julgador, desde que, obviamente, não cumprida a ordem judicial no prazo fixado. Nessa hipótese específica, como a sentença mandamental já transitou em julgado, a execução do valor da multa coercitiva será definitiva.

Questão que tem suscitado dúvidas tanto na doutrina como na jurisprudência diz respeito à possibilidade de cobrar a multa mesmo depois que o julgamento final não confirma a tutela antecipada ou a sentença que já foi executada provisoriamente.

Com relação ao assunto, observa-se a formação de duas correntes doutrinárias e jurisprudenciais distintas: uma que defende a subsistência do crédito derivado da incidência da multa mesmo após o reconhecimento, na decisão final, de que o autor não tinha direito à tutela provisoriamente antecipada; e outra que afirma que deve ficar sem efeito a multa antes imposta, quando a condenação à prestação principal acabou sendo julgada improcedente, na decisão final transitada em julgado.

A primeira orientação baseia-se na ideia de que a multa é utilizada com o intuito básico de proteger a autoridade do Estado-juiz, e não diretamente a pretensão de direito material do autor. Dessa forma, a decisão definitiva que conclui pela improcedência do pedido principal não apagaria a violação de uma ordem judicial, o que torna sempre exigível o crédito decorrente da incidência da multa, pelo período em que qualquer das partes descumpriu injustificadamente uma determinação judicial ainda vigente. Nesse sentido, cumpre transcrever a lição de Joaquim Felipe Spadoni:

(DINAMARCO. *Instituições de direito processual civil*... p. 540-541).
Percebe-se, contudo, que tal orientação, ao proibir a execução da multa antes do trânsito em julgado da sentença mandamental, prejudica substancialmente o potencial coercitivo das sanções pecuniárias em análise. É preciso reconhecer que o efetivo desembolso do crédito advindo da incidência da multa contribui para coagir ainda mais o réu a adotar a conduta pretendida pelo ordenamento jurídico. Com efeito, não se justifica essa proteção excessiva ao direito à segurança jurídica do réu em detrimento do direito à efetividade da jurisdição do autor.
(200) TALAMINI. *Tutela relativa aos deveres de fazer e de não fazer*... p. 258.

Em virtude de seu caráter processual, o que autoriza a exigibilidade da multa pecuniária é a violação da ordem judicial, é o desrespeito do réu ao poder jurisdicional. O seu "fato gerador" considera apenas e tão somente a relação jurídica existente entre parte e juiz, o dever daquela em atender as ordens deste, enquanto forem eficazes.

A exigibilidade da multa pecuniária não recebe nenhuma influência da relação jurídica de direito material. É preciso ter bem claro que o que autoriza a incidência da multa é a violação da ordem do juiz, é a violação de uma obrigação processual, e não da obrigação de direito material que o réu pode possuir perante o autor.

Assim sendo, se o réu não atender à decisão eficaz do juiz, estará desrespeitando a sua autoridade, ficando submetido ao pagamento da multa pecuniária arbitrada, independentemente do resultado definitivo da demanda. Em sendo a decisão que impôs a multa cominatória posteriormente revogada, seja por sentença ou por acórdão, ou mesmo por outra decisão interlocutória, em nada restará influenciado aquele dever que havia sido anteriormente imposto ao réu. As ordens judiciais devem ser obedecidas durante o período em que são vigentes, e as partes que não as obedecerem estarão sujeitas às sanções cominadas.[201]

A segunda orientação, por sua vez, encontra respaldo no princípio de que o processo não pode prejudicar a quem tem razão. Destarte, se ao final do procedimento de cognição plena e exauriente ou, mesmo, mediante via recursal constatar-se que o autor não fazia jus à tutela anteriormente deferida, não há qualquer sentido em se exigir o crédito derivado de uma sanção pecuniária que foi imposta para pressionar o réu a cumprir uma obrigação que é indevida. Nesta ordem de ideias é o magistério de Luiz Guilherme Marinoni e Sérgio Cruz Arenhart:

> Se o nosso sistema confere ao autor o produto da multa, não é racional admitir que o autor possa ser beneficiado quando a própria jurisdição chega à conclusão de que ele não possui o direito que afirmou estar presente ao executar a sentença (provisoriamente) ou a tutela antecipatória. Pelo mesmo motivo que o processo não pode prejudicar o autor que tem razão, é ilógico imaginar que o processo possa beneficiar o autor que não tem qualquer razão.[202]

Exatamente no mesmo sentido são as palavras de Eduardo Talamini:

> Caso, em via recursal ou mesmo por ação de impugnação (rescisória, mandado de segurança...), venha a se definir que o autor não tinha direito à tutela, ficará sem efeito o crédito derivado da multa que eventualmente incidiu. Se o autor já o houver recebido, terá de devolvê-lo. Isso valerá tanto para a multa imposta em antecipação de tutela quanto para a estabelecida em sentença.

---

(201) SPADONI. *Ação inibitória...* p. 192.
(202) MARINONI; ARENHART. *Curso de processo civil...* p. 81.

> *Não* é viável opor contra essa conclusão o argumento de que a multa resguarda a autoridade do juiz – e não diretamente o direito pretendido pelo autor –, de modo que, ainda que posteriormente se verificasse a falta de razão do autor, isso não apagaria, no passado, o descumprimento, pelo réu, da ordem judicial que recebera. A legitimidade da autoridade jurisdicional ampara-se precisamente na sua finalidade de tutelar quem tem razão. A tese ora criticada, se aplicada, longe de resguardar a autoridade jurisdicional, apenas contribuiria para enfraquecê-la: consagraria o culto a uma suposta "autoridade" em si mesma, desvinculada de sua razão de ser. (Grifos do autor)[203]

É inegável que a segunda linha de pensamento revela-se mais adequada à nova perspectiva instrumental da ciência processual, pois favorece a reaproximação entre os dois planos do ordenamento jurídico: direito material e direito processual.

Ora, entender que a multa não possui qualquer ligação com o direito substancial para o qual a tutela executiva é concedida significa afirmar que o direito processual possui um fim em si mesmo, negando-se a sua função precípua de realização do direito material. Com efeito, o processo não pode ignorar a realidade jurídico-material na qual atua. É intuitivo que a multa, como qualquer outra técnica processual, não pode ser aplicada a despeito do seu objeto, que é o direito substancial. Dessa forma, caso sobrevenha decisão que reconheça a improcedência da pretensão de direito material do autor, é evidente que ficará sem efeito o crédito derivado da multa processual que porventura incidiu.

Ademais, pesa contra a orientação que afirma que a multa tem por função apenas resguardar a autoridade do juiz, não mantendo, desse modo, nenhuma relação com o direito material que fundamentou a imposição da medida coercitiva, o fato de que, na sanção criminal por desobediência (art. 330 do CP), na qual o objetivo de preservar a autoridade estatal é certamente mais evidente, a medida punitiva deixa de ser cabível quando cassada, reformada ou revogada a decisão judicial desobedecida.[204]

Nessa mesma linha, Eduardo Talamini assinala outro importante fundamento para a inexigibilidade da multa na hipótese sob análise:

> Além disso, vigora o princípio geral de que o réu deve ser ressarcido de todo e qualquer dano derivado da indevida interferência jurisdicional concreta sobre sua esfera jurídica. E é o requerente dessa atuação jurisdicional quem responde por tais danos, independentemente de dolo ou culpa. Nota-se bem: esse não é um princípio vigente apenas para as intromissões feitas em caráter provisório (execução provisória, art. 588, I [atual inciso I do art. 475-O do CPC]; medidas urgentes, art. 811). Aplica-se igualmente à atuação jurisdicional desenvolvida em caráter "definitivo", pois deriva do próprio princípio de que o processo não pode prejudicar quem tem razão.

---
(203) TALAMINI. *Tutela relativa aos deveres de fazer e de não fazer...* p. 259-260.
(204) *Ibidem*, p. 260.

Portanto, se o requerente das providências jurisdicionais posteriormente tidas por ilegítimas responde objetivamente por todos os danos causados ao adversário, necessariamente fica sem efeito o crédito, daquele em face desse, derivado da incidência da multa. Mais ainda, cabe a devolução do montante eventualmente já recebido a tal título.[205]

É importante que fique bem claro que a multa não perde sua força coercitiva em virtude da impossibilidade de ser cobrado o crédito decorrente da sua incidência caso posteriormente reconheça-se a falta de direito do autor à tutela específica. Nota-se que a aptidão da multa em influenciar a vontade do réu está na ameaça da sanção pecuniária quando não observado o comando judicial. Não cumprindo o preceito, o réu não possui meios para prever o resultado final da demanda, tendo apenas a certeza de que deverá arcar com o valor da multa na hipótese de confirmação da tutela antecipada ou da sentença que foi objeto de execução provisória. É justamente essa possibilidade de ter que pagar pelo atraso no cumprimento da decisão judicial que constitui o mecanismo coercitivo da multa, não sendo ele prejudicado pelo fato de o réu saber que não terá que desembolsar o seu valor caso obtenha sucesso no julgamento final.[206]

Registre-se, por fim, que, no Direito francês, o qual inequivocamente inspirou a adoção da *astreinte* brasileira, a multa deixa de ser exigível quando cassada, reformada ou revogada a condenação principal. Trata-se de um aspecto decorrente do reconhecido *caráter acessório* da *astreinte* francesa.

4.1.6. Forma de execução do crédito decorrente da multa

Observa-se que o provimento que concede a tutela específica nos termos do art. 461 do CPC possui nítida eficácia mandamental. Nesse sentido, impõe ordem direta para que o réu desenvolva determinada conduta (fazer ou não fazer), não se limitando, pois, a declarar a existência de um direito, a constituir uma nova situação jurídica ou a condenar.

É oportuno registrar que uma das principais características dos provimentos jurisdicionais mandamentais consiste na imediatidade entre o seu momento de eficácia e a execução, dispensando a instauração de um processo autônomo para promover a tutela executiva do direito.[207] Dessa forma, o art. 461 do CPC permite ao julgador impor ordem judicial acompanhada, no mesmo processo, de medidas coercitivas suficientes à imediata efetivação da tutela. Ademais, é possível a adoção de providências sub-rogatórias destinadas a obter, independentemente da vontade do réu, o mesmo resultado que se teria com o cumprimento voluntário do preceito (trata-se da eficácia executiva *lato sensu*, que também reveste o provimento jurisdicional concedido com base no art. 461 do CPC).

---

(205) *Idem.*
(206) Nesse sentido: MARINONI; ARENHART. *Curso de processo civil...* p. 81-82.
(207) DINAMARCO. *Instituições de direito processual civil...* p. 511.

Nota-se, contudo, que as eficácias executiva *lato sensu* e mandamental contidas nos provimentos jurisdicionais do art. 461 do CPC não abrangem o crédito decorrente da incidência da multa. Nessa linha, o § 5º do mesmo art. 461 é bem claro ao definir que o juiz poderá impor medidas atípicas somente para a efetivação da "tutela específica" ou para a obtenção do "resultado prático equivalente". Portanto, mesmo se tratando de multa coercitiva imposta para dar efetividade à tutela antecipada, a cobrança do seu valor deverá seguir o procedimento de "execução por quantia certa", uma vez que ausente o caráter emergencial que justifique tratamento especial.[208]

A determinação do valor da multa dependerá, geralmente, de mero cálculo aritmético. Cumpre observar que, diferentemente do Direito francês, a legislação brasileira não estabeleceu procedimento especial para a liquidação do crédito advindo da incidência da multa coercitiva. Diante do descumprimento da ordem judicial, a decisão que impõe tal medida coercitiva já é título executivo judicial suficiente para a sua posterior cobrança.

Em regra, o autor não precisa comprovar a violação do comando judicial para executar o crédito decorrente da multa, bastando-lhe calcular seu valor total a partir do vencimento do prazo fixado em sentença ou na decisão interlocutória para o cumprimento até aquele momento. Constitui ônus do réu a comunicação e comprovação em juízo do cumprimento da decisão judicial, o que determinará o fim da incidência da sanção pecuniária. Conforme assevera Eduardo Talamini, apenas na hipótese de a multa ser imposta para dar efetividade à tutela preventiva "é que será razoável atribuir ao autor o ônus de comprovar que houve o posterior descumprimento da decisão do juiz".[209]

Ademais, adverte o citado autor paranaense, não é preciso aguardar o fim da incidência da multa para promover a sua execução – seja ela provisória ou definitiva, caso já tenha ou não transitado em julgado a sentença mandamental. Tal medida coercitiva é passível de execução parcial, ou seja, enquanto ela ainda estiver em curso. Conforme Eduardo Talamini, "basta estar presente sua exigibilidade para que se possa cobrar, desde logo, o crédito derivado dos dias em que a multa já incidiu – sem prejuízo de posteriores e sucessivas execuções relativas à continuidade da incidência".[210]

Exatamente no mesmo sentido manifesta-se José Carlos Barbosa Moreira:

> A partir do dia em que comece a incidir a multa, faculta-se ao credor exigi-la, através do procedimento da execução por quantia certa. Se o devedor, citado, pagar nas 24 horas a que se refere o art. 652 [a Lei n. 11.382/2006 modificou o prazo para 3 dias], mas permanecer inadimplente no que tange à obrigação de fazer ou não fazer, a multa continuará incidindo. Poderá o exequente, a qualquer tempo, requerer a atualização do cálculo e promover nova execução pelo valor acrescido.[211]

---

(208) TALAMINI. *Tutela relativa aos deveres de fazer e de não fazer...* p. 261-262.
(209) *Ibidem*, p. 262-263.
(210) *Idem*.
(211) MOREIRA, José Carlos Barbosa. *O novo processo civil brasileiro*. 11. ed. Rio de Janeiro: Forense, 1991, p. 261 *apud* GUERRA, *Execução indireta*, p. 213.

De fato, não é apenas possível a execução parcial da multa, mas é altamente recomendável que o autor promova tal atividade. Não há dúvida de que o efetivo desembolso do valor correspondente à incidência da multa contribui para pressionar ainda mais o réu a adotar a conduta pretendida pela ordem jurídica, o que poderá refletir-se positivamente na efetividade da tutela jurisdicional concedida.

4.1.7. O destinatário do valor da multa

Não obstante a inexistência de norma expressa dispondo sobre a titularidade do crédito resultante da aplicação da multa coercitiva, a doutrina e a jurisprudência nacionais são uníssonas em afirmar que este valor reverte-se em benefício do autor da demanda. Com efeito, diante do teor do § 2º do art. 461 do CPC, que determina que "a indenização por perdas e danos dar-se-á sem prejuízo da multa", é possível perceber que a intenção do legislador foi destinar o produto do pagamento da multa, assim como a indenização, ao autor.[212]

Nota-se que o Direito brasileiro, no que tange a este aspecto da disciplina da multa coercitiva, seguiu o Direito francês que, em virtude de o desenvolvimento das *astreintes* originar-se do instituto da indenização, manteve a ideia de que o valor da multa, em caso de não cumprimento do comando judicial, deve ser destinado ao autor e não ao Estado.

É inegável, contudo, que, a partir do momento em que se sedimentou na França o caráter coercitivo da *astreinte*, afastando-se da sua origem indenizatória, multiplicaram-se as críticas contra a destinação, ao autor, do crédito derivado da sua incidência. Nesse sentido assinala Marcelo Lima Guerra:

> Argumenta-se lá [França] que entregar ao credor da execução as quantias decorrentes da aplicação da *astreinte* – que é independente das perdas e danos, com essas podendo cumular-se – se não pode ser caracterizado como um enriquecimento ilícito ou sem causa, configura-se, pelo menos, como um enriquecimento *injusto*. (Grifos do autor)[213]

Observa-se que tais críticas à destinação do valor da multa ao autor da demanda se repetem com a mesma veemência no Brasil. Parte considerável da literatura especializada afirma que não há razão para o autor ser o titular do referido crédito, haja vista que a multa coercitiva não se confunde com a indenização por perdas e danos, nem se limita ao valor do bem jurídico tutelado. Nessa linha, assevera-se que o autor faz jus apenas à proteção específica do direito material ou, em caso de impossibilidade ou a requerimento da parte, ao seu equivalente pecuniário (que corresponde ao ressarcimento em dinheiro em virtude dos prejuízos causados pelo não cumprimento da situação jurídica de vantagem reconhecida em juízo).

---

(212) MARINONI; ARENHART. *Curso de processo civil...* p. 75.
(213) GUERRA. *Execução indireta*, p. 206.

A respeito desta orientação, é oportuno transcrever as palavras de Luiz Guilherme Marinoni e Sérgio Cruz Arenhart:

> Em termos lógicos jurídicos, parece não haver dúvida de que a multa deva reverter para o Estado, uma vez que não há racionalidade em o lesado receber valor que não diz respeito ao dano sofrido. O dano deve ser ressarcido, e para tanto serve o ressarcimento em pecúnia, não existindo motivo para se admitir que, ao lado do ressarcimento, o lesado receba o valor da multa devida em razão da não observância da decisão judicial.[214]

Ademais, essa mesma corrente doutrinária aponta verdadeira incoerência entre o caráter público da multa coercitiva, utilizada primordialmente para resguardar a autoridade estatal, e a solução adotada pelo Direito brasileiro de entregar ao credor da execução o produto da sua incidência. Nessa perspectiva, afirma-se que a disciplina legal das multas coercitivas no Direito alemão (*Zwangsgeld*) revela-se mais adequada à citada finalidade pública do instituto, uma vez que lá as quantias arrecadadas com a sua aplicação devem ser destinadas integralmente ao Estado.

Ocorre que, como já se afirmou anteriormente, encontra-se equivocada a afirmação no sentido de que o objetivo principal da multa coercitiva é preservar a autoridade do Estado-juiz. Reitere-se que uma das funções precípuas do direito processual consiste na efetiva realização do direito material. Dessa forma, tratando-se a multa coercitiva de uma técnica processual, é preciso perceber que ela é fundamentalmente utilizada com o fito principal de promover a atuação efetiva do direito material. Pensar de maneira diferente significa negar a natureza instrumental do processo, o que certamente constitui absoluto erro de perspectiva.

Não se esqueça, ainda, de que a possibilidade de submeter o réu ao rápido e efetivo desembolso do valor correspondente à incidência da multa reforça a sua aptidão de influenciar a vontade da parte que insiste em não cumprir a ordem judicial. Destarte, diante da melancólica lentidão que tem marcado os serviços públicos em geral, é fácil perceber que a destinação do produto da aplicação da multa ao Estado poderá refletir negativamente na sua eficiência como mecanismo coercitivo, uma vez que caberá a este a iniciativa de promover a execução do valor da multa, a menos que se atribua ao julgador a possibilidade de promovê-la de ofício.

Nesse sentido, não restam dúvidas de que constitui a medida mais acertada atribuir a titularidade do crédito derivado da incidência da multa ao autor, o qual certamente se sentirá motivado a instaurar a imediata execução da multa, contribuindo, assim, para aumentar sua pressão coercitiva sob o réu.

Por fim, cumpre observar que a destinação do produto da aplicação da multa ao autor da demanda permite que este possa utilizá-lo em eventual composição com o réu, desistindo, por exemplo, de receber parte do seu valor em prol do imediato

---

(214) MARINONI; ARENHART. *Curso de processo civil...* p. 75. Nesse mesmo sentido: GUERRA. *Execução indireta*, p. 207.

cumprimento da decisão judicial. No entanto, caso a titularidade do crédito fosse do Estado, a possibilidade da transação de tal crédito certamente seria objeto de fundados questionamentos, por parte da literatura especializada e da jurisprudência.[215]

4.2. Medida coercitiva pessoal: prisão

4.2.1. Prisão com natureza coercitiva

As decisões judiciais antecipatórias, cautelares e inibitórias proferidas no âmbito da Justiça do Trabalho claramente encontram um importante instrumento de efetivação na possibilidade de ameaçar o réu com a cominação de uma sanção pecuniária, em caso de resistência injustificada ao comando judicial. Contudo, é preciso reconhecer que os meios de coerção patrimonial possuem uma insuperável limitação prática, que reside na própria situação econômica do destinatário do provimento jurisdicional. Com efeito, diante da inexistência de patrimônio ou da existência de riqueza excessiva, a multa coercitiva tende a perder sua capacidade de influenciar a conduta do réu.

O cotidiano forense revela casos de obrigações absolutamente infungíveis, em que a única forma de se obter a tutela jurisdicional efetiva do direito material do autor é com a colaboração direta do réu, sendo imprescindível o uso da coerção indireta. Dessa forma, quando medidas de constrição patrimonial não produzem qualquer efeito sobre a intenção do réu em descumprir o comando judicial, caberia ao julgador adotar mecanismos coercitivos de natureza pessoal (genericamente autorizados pelo art. 461, § 5º, do CPC).

Reitere-se que o princípio constitucional da efetividade da prestação jurisdicional, insculpido no art. 5º, inciso XXXV, da CR/88, implica em que todas as situações de direito substancial devem ser adequadamente tuteladas pelo processo, não permitindo que o ordenamento jurídico se limite a proclamar direitos que não sejam concretamente realizados no plano empírico.

Nessa linha, cumpre investigar se os termos genéricos do art. 461, § 5º, do CPC autorizam a cominação de prisão como medida coercitiva destinada a pressionar o réu recalcitrante para que ele adote a conduta pretendida pela ordem jurídica.

A possibilidade de utilizar a prisão como meio de coerção indireta na jurisdição trabalhista exige a análise do art. 5º, inciso LXVII, da Lei Magna, que assim estabelece: "não haverá prisão civil *por dívida*, salvo a do responsável pelo inadimplemento voluntário e inescusável de obrigação alimentícia e a do depositário infiel". (Grifo nosso)

Marcelo Lima Guerra observa que tal dispositivo constitucional comporta duas interpretações distintas:

---

(215) TALAMINI. *Tutela relativa aos deveres de fazer e de não fazer...* p. 265.

a) uma que entende a expressão "dívida" em sentido estrito, isto é, como obrigação pecuniária, e permite, portanto, interpretar a vedação constitucional como restrita a essa modalidade de obrigações;

b) outra, que toma essa palavra em sentido amplo, a significar *obrigação civil* e estendendo a todas as modalidades dessas obrigações à proibição constitucional do inc. LXVII do art. 5º da CF, conferindo, assim, um caráter taxativo às exceções que nesse mesmo dispositivos (sic) são autorizadas.[216]

É evidente que, diante da expressão utilizada pela CR/88 – "prisão civil *por dívida*" –, o objetivo do legislador originário foi proibir a prisão civil por descumprimento de obrigação pecuniária, ou seja, aquela que requer a disposição de patrimônio para seu adimplemento. Não merece, portanto, prosperar a interpretação que afirma que a regra geral contida no preceito constitucional sob análise é a vedação de toda e qualquer prisão civil.

Exatamente nessa mesma linha, é lapidar o magistério de Luiz Guilherme Marinoni:

> O objetivo da norma constitucional que proíbe a prisão por dívida – excetuando a do devedor de alimentos e a do depositário infiel – é a de vedar a prisão civil por descumprimento de obrigação que dependa, para seu adimplemento, da disposição de dinheiro. Nesse sentido é possível dizer que a norma proibiu a prisão por "*dívidas pecuniárias*".
>
> Caso a sua intenção fosse a de proibir toda e qualquer prisão, com exceção dos casos do devedor de alimentos e do depositário infiel, não haveria como explicar a razão pela qual deu *conteúdo* à prisão civil, afirmando que "não haverá prisão *por dívida*". O entendimento de que toda e qualquer prisão está proibida implica em retirar qualquer significado da expressão "*dívida*". Ademais, alegar que existem outras modalidades de dívida que não apenas a pecuniária, e concluir que essas vedam a prisão, é nada dizer sobre a espécie de prisão proibida, mas simplesmente insistir na ideia de que a norma constitucional – de lado as exceções referidas – veda o uso de toda e qualquer prisão civil, e desse modo prosseguir *retirando o significado da expressão "dívida"*. Mas, se não há como fugir da ideia de que foi proibida somente uma modalidade de prisão civil, e não toda e qualquer prisão civil, a prisão proibida somente pode ser a prisão por "*débito*". (Grifos do autor)[217]

Percebe-se que a Constituição da República estabelece como exceções à prisão civil por dívidas as hipóteses do devedor de alimentos e a do depositário infiel, em

---
(216) GUERRA. *Execução indireta*, p. 244.
(217) MARINONI, *Antecipação da tutela*, p. 215. Nessa mesma ordem de ideias, assevera a eminente processualista Ada Pellegrini Grinover que: "Cumpre notar que a previsão da prisão civil, coercitiva, não é proibida no ordenamento brasileiro, cuja Constituição veda a prisão *por dívidas* (ressalvadas as hipóteses de devedor de alimentos e do depositário infiel), nem pela Convenção Americana dos Direitos do Homem, cujo art. 7º afirma que ninguém pode ser preso por dívida, exceto o devedor de alimentos" (GRINOVER. *Revista de Processo*, p. 220).

virtude das suas características reputadas especiais pelo legislador, sendo certo que ambas envolvem a disposição de patrimônio por parte do réu.

Não há dúvida, portanto, de que o julgador, diante da total impossibilidade de realização da tutela específica por meio de outros meios executivos, está autorizado a cominar ordem sob pena de prisão como medida coercitiva destinada a convencer o réu a adotar determinada conduta que não exija a disposição de patrimônio. É o que também sustenta o ilustre professor da PUC-Minas e ministro do TST José Roberto Freire Pimenta:

> Se a natureza do provimento judicial antecipatório decorrente da aplicação do art. 461 do CPC é *mandamental*, não se pode *a priori* negar a possibilidade de o próprio juiz que o emitiu determinar a imediata prisão do destinatário que descumprir a ordem, caso considere que as demais medidas sancionatórias e sub-rogatórias por ele cominadas não serão suficientes para assegurar a tutela específica do direito do autor. Tal medida, se indispensável para levar o destinatário do comando sentencial a seu pronto e completo acatamento, não é ilegal – ao contrário, está ela expressamente autorizada pelo § 5º do art. 461 do CPC acima transcrito, que permite ao julgador determinar todas e quaisquer medidas necessárias para a efetivação da tutela específica ou para a obtenção do resultado prático equivalente, mencionando expressamente a título exemplificativo a "requisição de força policial". E, portanto, não ofende o princípio constitucional do devido processo legal, sendo, na verdade, um necessário desdobramento dele do ponto de vista dos autores, que fazem jus a uma tutela específica, plena e eficaz de seus direitos ameaçados. (Grifos do autor)[218]

No mesmo sentido manifesta-se Luiz Guilherme Marinoni, ao discorrer sobre o § 5º do art. 461 do CPC:

> Não é errado imaginar que, em alguns casos, somente a prisão poderá impedir que a tutela seja frustrada. A prisão, como forma de coação indireta, pode ser utilizada quando não há outro meio para a obtenção da tutela específica ou resultado prático equivalente. Não se trata, por óbvio, de sanção penal, mas de privação da liberdade tendente a pressionar o obrigado ao adimplemento. Ora, se o Estado está obrigado a prestar a tutela jurisdicional adequada a todos os casos conflitivos concretos, está igualmente obrigado a usar os meios necessários para que suas ordens (o seu poder) não fiquem à mercê do obrigado. Não se diga que esta prisão ofende direitos fundamentais da pessoa humana, pois, se tal fosse verdade, não se compreenderia a razão para a admissão do emprego deste instrumento nos Estados Unidos, na Inglaterra e na Alemanha. Na verdade, a concepção de processo como instrumento posto à disposição das partes é que encobre a evidência de que

---
(218) PIMENTA. *Revista do TRT-3ª Região*, v. 57, p. 140-141.

o Estado não pode ser indiferente à efetividade da tutela jurisdicional e à observância do ordenamento jurídico. Se o processo é, de fato, instrumento para a realização do poder estatal, não há como negar a aplicação da prisão quando estão em jogo a efetividade da tutela jurisdicional e o cumprimento do ordenamento jurídico. É por isso, aliás, que a Constituição não veda este tipo de prisão, mas apenas a prisão por dívida.[219]

É preciso interpretar o art. 5º, inciso LXVII, da CR/88 em consonância com os direitos fundamentais, deixando claro que se, de um lado, é importante vedar a prisão civil em razão do descumprimento de obrigações de natureza e função exclusivamente patrimonial, de outro, é de extrema relevância compreender que o uso de sanções de natureza pessoal pode ser imprescindível para promover a tutela efetiva dos direitos fundamentais trabalhistas, diminuindo-se, assim, a enorme distância entre o *dever-ser* normativo e o *ser* da realidade social que se observa no cotidiano da Justiça do Trabalho.[220]

A doutrina contemporânea, consciente da relevância dos direitos fundamentais dos trabalhadores, caracterizados por exercerem nítida função não patrimonial (ou, pelo menos, predominantemente não patrimonial), não deve considerar apenas o lado negativo da prisão. De fato, o dispositivo constitucional que veda a prisão civil por dívida não pode constituir o embasamento legal para a livre expropriação de direitos de igual estatura constitucional.

Nessa mesma ordem de ideias, é conclusiva a lição de Luiz Guilherme Marinoni e Sérgio Cruz Arenhart:

> A forma de interpretação que não vê a prisão como meio coercitivo constitui um método hermenêutico clássico, não suficiente quando comparado aos métodos hermenêuticos modernos, os quais são absolutamente necessários quando o que se tem a interpretar, diante das características da sociedade contemporânea e a da importância que nela assumem os direitos fundamentais, é um contexto de grande riqueza e complexidade. Com efeito, não sendo o caso de apenas considerar o texto da norma, como se ela estivesse isolada do contexto, é necessário recorrer ao método hermenêutico-concretizador.[221]

---

(219) MARINONI, Luiz Guilherme. *Novas linhas do processo civil*. O acesso à justiça e os institutos fundamentais do direito processual. 2. ed. São Paulo: Malheiros, 1996. p. 87-88 apud GUERRA. *Execução indireta*, p. 243.
(220) Nesse sentido, cabe transcrever o incisivo magistério de Jorge Luiz Souto Maior e Manoel Carlos Toledo Filho, que categoricamente defendem a aplicabilidade da prisão civil no âmbito da Justiça do Trabalho, inclusive para coagir devedores renitentes a pagar imediatamente verbas trabalhistas de cunho alimentar. *In verbis*: "Em suma, a ordem de prisão civil decretada para devedores contumazes, ou que não demonstrem a assunção de uma postura minimamente responsável em relação aos seus débitos trabalhistas de natureza alimentar, tem pleno e total apoio na ordem Constitucional, sendo o sopro de esperança que resta aos cidadãos trabalhadores de verem resgatada a sua dignidade, além de constituir para o Judiciário um modo concreto de recuperar um pouco a confiança perdida ao longo de anos de proteção daqueles que descumprem, deliberada e agressivamente, a ordem jurídica" (MAIOR, Jorge Luiz Souto; TOLEDO FILHO, Manoel Carlos. *Da prisão civil por dívida trabalhista de natureza alimentar*. Campinas, 2003. Disponível em: <http://www1.jus.com.br/doutrina/texto.asp?id=4337>).
(221) MARINONI; ARENHART. *Curso de processo civil*... p. 86. A favor desta orientação, Marcelo Lima Guerra, com lastro na lição de José Joaquim Gomes Canotilho, é igualmente preciso e persuasivo:
"Vê-se, facilmente, que a interpretação que entende *dívida* em sentido estrito e, portanto, as exceções à prisão

Nota-se que a questão do uso da prisão como meio de coerção indireta aponta, invariavelmente, para a colisão de dois direitos fundamentais: o direito à efetividade da tutela jurisdicional e o direito à liberdade. Cabe ao operador do direito, ao interpretar o art. 5º, inciso LXVII, da Constituição, perceber o que representa a realização de cada um desses direitos fundamentais no plano empírico. Nessa perspectiva, não é difícil concluir que o citado dispositivo constitucional veda apenas a prisão por descumprimento de obrigações estritamente pecuniárias, permitindo o uso de sanções de natureza pessoal – diante da impossibilidade de concretização da tutela específica por meio de outros meios executivos – para a atuação efetiva de direitos considerados invioláveis e fundamentais pelo próprio ordenamento jurídico, o que evitará que esses direitos sejam transformados em letra morta na esfera decisiva da realidade.

É essa também a conclusão do ilustre processualista Marcelo Lima Guerra:

> Realmente, encarada a prisão civil como um importante meio de concretização do direito fundamental à tutela efetiva e não apenas como uma odiosa lesão ao direito de liberdade, uma exegese que restrinja a vedação do inc. LXVII do art. 5º da CF aos casos de prisão por *dívida em sentido estrito* preserva substancialmente a garantia que essa vedação representa, sem eliminar totalmente as possibilidades de se empregar a prisão civil como medida coercitiva para assegurar a prestação efetiva de tutela jurisdicional.[222]

Luiz Guilherme Marinoni é ainda mais incisivo a respeito da aplicabilidade da prisão como medida coercitiva destinada a assegurar a efetividade dos direitos substanciais no plano empírico:

> Pensar na prisão como meio de coerção civil não implica em ter uma visão autoritária da justiça civil, mas sim em ter consciência de que o seu uso não pode ser descartado para dar efetividade aos direitos fundamentais. *Em um país em que a multa frequentemente pode não atingir peso coercitivo, a ameaça de prisão é imprescindível para evitar, por exemplo, a violação dos direitos da personalidade ou do direito ambiental. A não-admissão do seu uso, em razão de um preconceito que não olha para o contexto social do país e para os direitos não-patrimoniais, pode abrir as portas até mesmo para que sejam instituídos "testas-de-ferro", sem patrimônio, com a única missão de violar os direitos.* (Grifos do autor)[223]

---

civil como *numerus apertus* (quanto às obrigações não pecuniárias, obviamente) guarda maior coerência com a moderna teoria dos direitos fundamentais e com os cânones da interpretação especificamente constitucional. Em primeiro lugar, porque não restringe o uso de uma sanção concretizadora de um direito fundamental com base num pré-julgamento da capacidade dessa sanção violar outros direitos fundamentais. Além disso, essa interpretação atende àquele importante critério da moderna hermenêutica constitucional, consistente no *princípio da concordância prática*, o qual 'impõe a coordenação e combinação de bens jurídicos em conflito ou concorrência de forma a evitar o sacrifício (total) de uns em relação aos outros'." (Grifos do autor) (GUERRA. *Execução indireta*, p. 245).
(222) GUERRA. *Execução indireta*, p. 245-246.
(223) MARINONI. *Técnica processual e tutela de direitos*, p. 224.

É evidente que, tratando-se a restrição da liberdade de uma medida excepcional, ela deve ser utilizada somente em casos extremos. Nesse sentido, impõem-se certos requisitos para o uso da prisão com o intuito de assegurar a tutela efetiva dos direitos substanciais, a saber:

a) O julgador deverá justificar a oportunidade da cominação da prisão civil diante das particularidades do caso concreto e, principalmente, em virtude da natureza do direito material envolvido. Nesse sentido, em regra, a prisão não será utilizada quando, por exemplo, o litígio envolver um direito com finalidade nitidamente patrimonial, que pode ser satisfatoriamente realizado por meio da tutela ressarcitória.

b) Deverá estar caracterizada a impossibilidade de a tutela específica ser alcançada mediante a utilização de outros meios executivos, comprovando-se, assim, que a atividade do juiz causou a menor restrição possível à esfera jurídica do réu.

c) A restrição da liberdade como meio coercitivo não será admitida para os casos de descumprimento de ordem judicial que depende estritamente da disposição de patrimônio para o seu adimplemento (ressalvada a hipótese do devedor voluntário e inescusável de verba alimentar).

Com relação ao último requisito, cumpre observar que as verbas trabalhistas, em geral, possuem inquestionável natureza alimentar, a qual lhes confere *status* de bem jurídico essencial, necessitando de proteção diferenciada por parte do Estado-juiz.

Ademais, registre-se que a melhor interpretação da expressão "obrigação alimentícia", contida no inciso LXVII do art. 5º da Lei Magna, consiste naquela que vai além do simples "pagamento de pensão alimentícia", abrangendo, indubitavelmente, os débitos decorrentes de salários e verbas rescisórias trabalhistas. Nesse sentido, a própria Constituição dispõe em seu art. 100, § 1º-A, que: "os débitos de natureza alimentar compreendem aqueles decorrentes de *salários*, *vencimentos*, proventos, pensões e sua complementações, benefícios previdenciários e indenizações por morte ou invalidez, fundadas na responsabilidade civil, em virtude de sentença transitada em julgado". (Grifos nosso)

É por esse motivo que alguns autores são taxativos em afirmar a aplicabilidade da prisão civil também em virtude de dívidas trabalhistas de natureza alimentar. Contudo, a respeito do assunto, é indispensável o registro da advertência dos professores e juízes do trabalho da 15ª Região Jorge Luiz Souto Maior e Manoel Carlos Toledo Filho:

> Não se está preconizando que qualquer devedor de dívida trabalhista seja preso, pois a este ponto não vai o texto constitucional. Basta lê-lo com atenção. O que se está dizendo é que a norma constitucional não se limita a pensão alimentícia, conferindo, pois, um tal poder ao juiz do trabalho, que, por certo deverá usá-lo da forma mais ponderada possível e para os casos em que se demonstre nítida a postura irresponsável e abusiva do devedor (contumaz, voluntário, insensível e convicto).[224]

---

(224) MAIOR; TOLEDO FILHO. *Da prisão civil por dívida trabalhista de natureza alimentar.*

Tal orientação, sem dúvida, corrobora ainda mais a possibilidade de utilização da prisão no âmbito da Justiça Laboral como medida coercitiva destinada a influenciar a vontade do réu para que ele adote determinada conduta pretendida pelo ordenamento jurídico. Ressalte-se, por fim, que a referida modalidade de restrição da liberdade não possui nenhum caráter punitivo, representando apenas mais um meio executivo à disposição do julgador para conferir efetividade à prestação da tutela jurisdicional dos direitos trabalhistas.

Nota-se, contudo, que o uso da prisão como medida coercitiva é objeto de inúmeras controvérsias. Autorizada doutrina contesta incisivamente a tese de que a Constituição vedaria somente a prisão civil por dívidas pecuniárias, autorizando a sua utilização como medida coercitiva destinada a pressionar o réu a cumprir determinada ordem judicial. Nessa linha, merece reprodução textual o magistério de Eduardo Talamini:

> Se a regra geral fosse essa (proibição apenas da prisão civil por dívidas), como explicar que uma das duas exceções previstas na norma – a do depositário infiel – não envolve prisão civil por dívida pecuniária? Afinal, a prisão civil do depositário infiel funciona precisamente como mecanismo de preservação da autoridade do juiz. A resposta não pode ser outra: o preceito constitucional consagrou essa hipótese como exceção justamente porque a regra geral nele contida é a vedação de *qualquer* prisão civil (qualquer prisão que não seja aplicada como sanção retributiva à prática de conduta tipificada como crime). Então, para que se compreenda o exato alcance da regra geral, tem-se de cotejá-la com as suas exceções. (Grifo do autor)[225]

Ocorre que, tal interpretação do dispositivo constitucional em análise revela-se menos adequada aos parâmetros introduzidos pelas modernas técnicas hermenêuticas. Com efeito, simplesmente negar a aplicabilidade da prisão civil como medida coercitiva em face de um suposto direito de liberdade absoluto parece não ser a orientação mais coerente. Lembre-se que, tão importante quanto preservar a liberdade do cidadão, é conferir efetividade a outros direitos reputados fundamentais pelo ordenamento jurídico.

4.2.2. Prisão com natureza punitiva

É preciso destacar, ainda, que o descumprimento de ordem judicial pode configurar ilícito penal, conforme tipificação do art. 330 do CP, *verbis*: "desobedecer a ordem legal de funcionário público: Pena – detenção, 15 (quinze) dias a 6 (seis) meses, e multa".

Nesses termos, sendo incontroverso que, para os efeitos do art. 330 do CP, os provimentos jurisdicionais com eficácia mandamental equivalem à "ordem legal de funcionário público", o réu que injustificadamente descumpre determinação

---
(225) TALAMINI. *Tutela relativa aos deveres de fazer e de não fazer...* p. 302.

contida em decisão judicial antecipatória, cautelar ou inibitória incorre em crime de desobediência. É o que também assinala o ilustre professor paranaense Eduardo Talamini:

> Mas o não atendimento pelo réu da ordem contida no provimento *ex vi* art. 461 caracteriza crime de desobediência (CP, art. 330). Poderá haver até prisão (penal) em flagrante do réu desobediente, observados os pressupostos constitucionais e processuais penais para tanto. Originar-se-á processo penal para apurar a ocorrência do crime, que não se confundirá com o processo civil em curso. Não se tratará, destarte, de instrumento processual civil de coerção – ainda que, indiretamente, a perspectiva de cometer crime e ser apenado possa induzir o réu ao cumprimento do comando judicial.[226]

É importante perceber que esta modalidade de constrição da liberdade não se confunde com a prisão civil *por dívidas*, não havendo, portanto, qualquer proibição constitucional (art. 5º, inciso LXVII, da CR/88) para a sua cominação. Como bem observado por Cândido Rangel Dinamarco, "o fundamento dessa repressão e dessa possível prisão não é contudo a dívida em si mesma, senão a afronta a um comando do Estado-juiz, como são os mandamentos contidos em sentença".[227]

Registre-se que a possibilidade de cominar prisão por crime de desobediência em virtude do não cumprimento de decisão judicial antecipatória, cautelar ou inibitória decorre diretamente da natureza mandamental de tais provimentos jurisdicionais. Dessa forma, o réu que não assume a conduta prescrita pelo julgador, desprezando o comando judicial, estará sujeito não só à utilização de mecanismos coercitivos para influenciar a sua vontade, como também à pena de prisão quando restar configurado o crime de desobediência. Nessa mesma esteira de raciocínio, assevera Eduardo Talamini:

> São apenas os atos judiciais de eficácia mandamental que veiculam propriamente uma *ordem*. Frente a esses, o não acatamento é conduta que se pode enquadrar no crime de desobediência. Aqui não importa tanto a adesão teórica ao nome "mandamental", mas o reconhecimento de que, entre os provimentos de "repercussão física", uma fração deles se diferencia dos demais por conter comando direto à parte, que, se o descumpre, afronta a autoridade estatal. Presente essa eficácia no provimento, e tendo ela sido concretizada mediante a efetiva comunicação da ordem ao réu, a inobservância configurará crime – seja o provimento instrumental ou propriamente concessivo da tutela; interlocutório ou final. (Grifo do autor)[228]

---

(226) TALAMINI. Eduardo. Tutela mandamental e executiva *lato sensu* e a antecipação de tutela *ex vi* do art. 461, § 3º, do CPC. In: WAMBIER, Teresa Arruda Alvim (Coord.). *Aspectos polêmicos da antecipação de tutela*. São Paulo: Revista dos Tribunais, 1997. p. 165.
(227) DINAMARCO. *Instituições de direito processual civil*... p. 521.
(228) TALAMINI. *Tutela relativa aos deveres de fazer e de não fazer*... p. 308.

Ressalte-se que, não obstante a natureza mandamental dos provimentos judiciais antecipatórios, cautelares e inibitórios, pode haver casos em que a tutela executiva é prestada mediante o emprego de medidas sub-rogatórias, não envolvendo, ao menos em um primeiro momento, ordem dirigida ao réu. Nessa hipótese, é evidente que não restará caracterizado o crime de desobediência quando a tutela específica do direito do autor não é alcançada pela via sub-rogatória, uma vez que, nesse caso, nenhuma ordem foi dirigida ao réu.

Ademais, impõe-se uma advertência procedimental para a caracterização do crime de desobediência: é de suma importância que o provimento concedido seja absolutamente claro no sentido de que se trata de uma *ordem judicial* para que o réu adote determinada conduta. Exatamente no mesmo sentido é a manifestação de Eduardo Talamini:

> [...] quando a via adotada for a da ordem ao réu, é fundamental que o ato que se lhe encaminhe seja extremamente claro nesse sentido. Há de explicitar que não se trata de simples comunicação de que serão adotadas medidas sub-rogatórias, mas, sim, de comando, imperativo, para que ele, réu, desde logo cumpra. Nada impede – e é até razoável – que a própria comunicação ao réu advirta-lhe de que o desatendimento da ordem poderá configurar crime de desobediência. Não há nisso nenhuma nulidade por prejulgamento ou pressão indevida – muito embora a falta de tal advertência tampouco impeça a caracterização do crime, desde que a ordem seja clara.[229]

Tratando-se de ordem judicial dirigida a pessoa jurídica privada, o não cumprimento do preceito poderá acarretar a prisão por crime de desobediência daquela pessoa física que seria responsável pela realização do ato, nos termos do contrato ou estatuto social da empresa.

É preciso que fique bem claro que a prisão por crime de desobediência possui natureza punitiva, voltando-se primordialmente contra a ofensa à autoridade e à dignidade do Estado-juiz, e não como forma de coagir o réu a adotar determinada conduta pretendida pelo ordenamento jurídico. Não se pode negar, entretanto, que a perspectiva de ser preso em virtude do não atendimento de comando judicial exerce, ainda que de forma reflexa, certa influência sobre a vontade do réu.

Perceba-se, portanto, que o ordenamento jurídico pode estabelecer duas modalidades distintas de restrição da liberdade por descumprimento de ordem judicial: uma de caráter coercitivo e outra de caráter punitivo. Assim como no *common law*, caberá ao julgador determinar a prisão de acordo com os objetivos que se almeja alcançar com a constrição da liberdade. Dessa forma, se o intuito é induzir ao cumprimento do comando judicial, deverá ser cominada a prisão civil, de natureza coercitiva. De outro lado, se o objetivo é apenas punir a conduta ofensiva do litigante que frustrou a possibilidade de consecução da tutela específica do direito do autor, caberá a prisão por crime de desobediência.

---

(229) TALAMINI. *Tutela relativa aos deveres de fazer e de não fazer...* p. 309-310.

Nessa perspectiva, não se pode negar que a prisão civil por descumprimento de ordem judicial consiste na única modalidade de restrição da liberdade que é utilizada com o objetivo de proporcionar a tutela adequada dos direitos substanciais trabalhistas, contribuindo diretamente para a efetividade da jurisdição. Ao cominar a prisão como meio de coerção indireta, o julgador tem os olhos fixados no futuro, buscando atingir o resultado mais próximo possível dos desígnios do direito material. A prisão por crime de desobediência, ao contrário, volta-se para o passado, visando apenas castigar a conduta ofensiva do réu contra a autoridade do Estado-juiz e que impossibilitou a atuação específica do direito do autor.

Ademais, é oportuno registrar que, com o advento da Lei n. 9.099/95 (Lei dos Juizados Especiais), o crime de desobediência passou a ser de competência do Juizado Especial Criminal (art. 61), diminuindo-se, assim, consideravelmente as possibilidades de restrição da liberdade do réu em virtude do não cumprimento de ordem judicial. Nesse sentido, a prisão em flagrante do réu restou frustrada (art. 69, parágrafo único[230], da Lei n. 9.099/95), não se permitindo mais ao juiz do trabalho determinar a imediata constrição pessoal do empregador que praticou a desobediência.

Destarte, verifica-se que, a partir de então, as medidas penais contra o réu que descumpre ordem judicial perderam substancialmente a sua eficácia coercitiva reflexa, deixando de influir de modo significativo na conduta daquele réu obstinado a não seguir o comando judicial.

4.3. As medidas atípicas do art. 461, § 5º, do CPC

O § 5º do art. 461 do CPC dispõe que, "para a efetivação da tutela específica ou obtenção do resultado prático equivalente", o julgador poderá impor "as medidas necessárias, *tais como* a imposição de multa por tempo de atraso, busca e apreensão, remoção de pessoas e coisas, desfazimento de obras e impedimento de atividade nociva, se necessário com requisição de força policial" (redação dada pela Lei n. 10.444/02).

Nota-se, portanto, que a multa e a prisão não constituem os únicos meios executivos indiretos à disposição do julgador para promover a tutela específica dos direitos substanciais trabalhistas. Com efeito, o art. 461, § 5º, do CPC autoriza a adoção de outras medidas coercitivas destinadas a acompanhar a ordem judicial dirigida ao réu para que ele adote a conduta pretendida pelo ordenamento jurídico.

---

(230) "Art. 69. A autoridade policial que tomar conhecimento da ocorrência lavrará termo circunstanciado e o encaminhará imediatamente ao Juizado, com o autor do fato e a vítima, providenciando-se as requisições dos exames periciais necessários.
Parágrafo único. Ao autor do fato que, após a lavratura do termo, for imediatamente encaminhado ao juizado ou assumir o compromisso de a ele comparecer, não se imporá prisão em flagrante, nem se exigirá fiança. Em caso de violência doméstica, o juiz poderá determinar, como medida de cautela, seu afastamento do lar, domicílio ou local de convivência com a vítima."

Ademais, esse mesmo dispositivo legal confere ao juiz o poder de determinar medidas sub-rogatórias atípicas, substituindo a atividade do réu com o intuito de alcançar o resultado prático equivalente, independentemente ou mesmo contra a sua vontade.

Ressalte-se que, conforme estabelecido pelo citado § 5º do art. 461 do CPC, tais medidas – sejam elas coercitivas ou sub-rogatórias – poderão ser impostas *ex officio* pelo juiz, não se sujeitando, dessa maneira, a requerimento de qualquer das partes.

É importante perceber que a norma em exame constitui verdadeira regra processual aberta, permitindo ao julgador utilizar o meio executivo mais adequado às particularidades do caso concreto e às necessidades do direito material envolvido no litígio. Nesse sentido, a enumeração das medidas contida no referido § 5º do art. 461 do CPC é meramente exemplificativa (o que se depreende da expressão "tais como", nele incluída), conferindo amplo poder ao juiz para determinar outros meios executivos que porventura entender oportuno.

Não se trata, entretanto, de poder ilimitado (arbitrário ou até mesmo discricionário). As regras da proporcionalidade e da razoabilidade constituem as balizas para a escolha do meio executivo idôneo à tutela do direito. Nessa linha, as providências adotadas deverão ser adequadas ao caso concreto e à situação de direito material controvertida, acarretando a menor restrição possível à esfera jurídica do réu. Ademais, o julgador não poderá impor medida expressamente proibida pelo ordenamento jurídico (prisão civil por dívida, por exemplo).

Dentre as medidas atípicas possibilitadas pelo § 5º do art. 461 do CPC destaca-se a nomeação judicial de terceiro para atuar como interventor ou fiscal, quando o provimento jurisdicional impõe o cumprimento de obrigações complexas não exauríveis em ato único e o réu constituir pessoa jurídica ou operar por meio de estrutura empresarial ou institucional.

É o que também sustenta o ilustre processualista Marcelo Lima Guerra, ao discorrer sobre o § 5º do art. 461 do CPC:

> Pelo que já se expôs, parece claro que o juiz brasileiro pode, agora, utilizar técnicas sub-rogatórias orientadas, a exemplo daquelas já mencionadas do direito norte-americano, no sentido de investir terceiros, especificamente designados para tanto, de poderes suficientes a servir de *longa manus* do órgão jurisdicional, permitindo uma *substituição adequada e eficaz* da atividade do devedor pela desse órgão, de maneira que ele possa *cumprir e fazer cumprir quaisquer prestações, mesmo e principalmente as mais complexas e de caráter continuativo, que caberia ao mesmo devedor realizar.* (Grifos do autor)[231]

Cumpre observar, no entanto, que não se trata, em regra, do emprego de meios executivos estritamente sub-rogatórios, podendo a providência em exame servir tam-

---

(231) GUERRA, Marcelo Lima. Inovações na execução direta das obrigações de fazer e não fazer. In: WAMBIER, Teresa Arruda Alvim (Coord.). *Processo de execução e assuntos afins*. São Paulo: Revista dos Tribunais, 1998. p. 317.

bém para a fiscalização da conduta do réu. Com efeito, para a consecução do resultado específico, poderá o juiz fixar os mais diversos parâmetros para a atuação do interventor. Nesse sentido, Eduardo Talamini exemplifica algumas tarefas que podem ser desempenhadas pelo terceiro nomeado:

a) substituir total ou parcialmente o réu, mediante intromissão em sua estrutura interna de atuação, no desenvolvimento da atividade devida;

b) fiscalizar e orientar o proceder do próprio réu;

c) impedir materialmente a prática de atos indevidos;

d) fornecer informações e orientações ao juiz sobre alterações no panorama fático que possam exigir novas providências judiciais;

e) cumprir conjugadamente parte ou totalidade dessas tarefas.[232]

Antes mesmo, porém, da introdução do § 5º ao art. 461 do CPC, a possibilidade de o juiz decretar a intervenção na empresa já era prevista para a execução judicial das decisões do CADE (Lei n. 8.884/94, arts. 63 e 69 a 78). Desse modo, a partir da vigência desse preceito processual comum, as intervenções judiciais determinadas no âmbito da Justiça do Trabalho com base no § 5º do art. 461 do CPC poderão e deverão aplicar subsidiariamente as regras contidas na Lei n. 8.884/94 relativas a essa medida, com base na genérica autorização para tanto contida no art. 769 da CLT.[233]

Nessa linha, de acordo com o art. 76 da Lei n. 8.884/94, as despesas resultantes da intervenção, inclusive a remuneração a ser paga ao terceiro nomeado, deverão correr por conta do réu. Entretanto, ao contrário do disposto pelo art. 73 do mesmo diploma legal, a intervenção não ficará, a princípio, limitada a 180 dias.[234] Não condiz com o direito constitucional à tutela jurisdicional efetiva a prévia limitação temporal da providência em análise, uma vez que o administrador judicial poderá necessitar de prazo superior a 180 dias para promover a concreta atuação do direito do autor. O importante é que a intervenção seja temporária, devendo incidir durante o tempo estritamente necessário para a efetivação da tutela.

É inegável que a utilização da intervenção judicial com o intuito de efetivar os provimentos jurisdicionais antecipatórios, cautelares ou inibitórios suscita um claro conflito de valores. De fato, a possibilidade de intervir na própria administração empresarial ou institucional em princípio implica, em maior ou menor proporção, em restrição à liberdade da empresa (art. 170 da CR/88) ou ao livre funcionamento das associações e cooperativas (inciso XVIII do art. 5º da CR/88).

De outro lado, a nomeação pelo juiz de administrador judicial é justificada pelo direito à tutela jurisdicional efetiva (inciso XXXV do art. 5º da CR/88). Verifica-se,

---
(232) TALAMINI. *Tutela relativa aos deveres de fazer e de não fazer...* p. 275.
(233) "Art. 769 – Nos casos omissos, o direito processual comum será fonte subsidiária do direito processual do trabalho, exceto naquilo em que for incompatível com as normas deste Título."
(234) TALAMINI. *Tutela relativa aos deveres de fazer e de não fazer...* p. 280.

portanto, patente colisão de direitos fundamentais, solucionável mediante a aplicação do princípio da proporcionalidade e seus desdobramentos. Dessa forma, é preciso verificar o que significa realizar cada um desses valores, cabendo ao juiz escolher o bem jurídico mais relevante diante do caso concreto.

Ademais, tratando-se de providência drástica e excepcional, a intervenção não será usada quando possível a utilização de outro meio executivo que cause menor restrição à esfera jurídica do réu, desde que se mostre apto, obviamente, a atingir os mesmos resultados pretendidos, sem ônus excessivo. Por fim, a intervenção judicial deverá restringir-se aos atos estritamente necessários para a efetivação da tutela concedida ao autor.[235]

Reitere-se que o princípio constitucional da efetividade da tutela jurisdicional exige que todas as situações de direito material sejam adequadamente tuteladas pelo processo, obrigando o legislador a munir o jurisdicionado de técnicas processuais idôneas à realização de seus direitos. Nessa linha, é preciso reconhecer a inequívoca importância do § 5º do art. 461 do CPC no sistema de tutela jurisdicional, uma vez que outorga ao julgador, com a necessária flexibilidade, o poder de determinar medidas coercitivas e sub-rogatórias atípicas, que incidirão em conjunto ou isoladamente para permitir a efetiva atuação dos direitos substanciais trabalhistas.

---

(235) *Ibidem*, p. 282. Nessa mesma linha: GUERRA. *Direitos fundamentais e a proteção do credor na execução civil*, p. 124-125.

CONSIDERAÇÕES FINAIS

O direito material do trabalho brasileiro vivencia uma profunda crise de efetividade. Com efeito, no Brasil as normas materiais trabalhistas deixam de ser espontaneamente cumpridas por seus destinatários em frequência muito maior do que se observa nos países centrais do capitalismo, o que notoriamente repercute na explosão do número de ações trabalhistas anualmente ajuizadas no País.

O resultado dessa equação é uma Justiça do Trabalho assoberbada em todos os seus graus de jurisdição, culminando na sua patente incapacidade de decidir as demandas sociais que lhe são submetidas, com a eficiência e a presteza que devem ser inerentes a todo e qualquer serviço público.

É por essa razão que o legislador processual, ciente do preceito constitucional que garante a todos uma resposta jurisdicional tempestiva e efetiva, não tem fugido, de certa maneira, ao seu dever de instituir técnicas processuais aptas a proporcionar um acesso cada vez mais adequado à Justiça, em obediência ao direito fundamental à tutela jurisdicional efetiva, consagrado na Constituição. Nesse sentido, a introdução da tutela antecipada e da tutela inibitória no ordenamento jurídico brasileiro, que, ao lado da tutela cautelar, têm contribuído substancialmente para a efetividade da Justiça do Trabalho, pode ser citada como um significativo avanço da legislação processual brasileira.

Ocorre que, não obstante a instituição desses modernos mecanismos processuais colocados à disposição dos jurisdicionados para assegurar a efetividade aos direitos substanciais, observa-se no cotidiano do Judiciário trabalhista o predomínio da autotutela privada, em detrimento da tutela jurisdicional adequada que deveria ser prestada. Decisões judiciais antecipatórias, cautelares e inibitórias são rotineiramente descumpridas por seus destinatários sem nenhuma justificativa plausível, como se fosse naturalmente possível não atender a uma regular ordem judicial, sem causa justificada.

É preciso perceber que esta postura de flagrante afronta à dignidade do Estado-juiz continuará se repetindo enquanto a Justiça do Trabalho não for capaz de tornar o descumprimento de ordens judiciais a opção menos vantajosa para seus destinatários, do ponto de vista tanto prático quanto econômico.

Nessa perspectiva, a ampla adoção de sanções de natureza pecuniária e pessoal com o objetivo de compelir o réu a adotar a conduta abstratamente pretendida pelo ordenamento jurídico e concretamente ordenada pelo Estado-juiz revela-se de suma importância para impor o respeito que é indispensável ao exercício da atividade jurisdicional. Diante da natural posição de debilidade econômica e social que se encontra o trabalhador em relação ao empregador, é absolutamente necessário deixar claro, para este último, que o não cumprimento voluntário de determinações judiciais implicará o agravamento de sua situação jurídica, mediante a cominação de sanções de natureza pecuniária e pessoal.

É evidente que não se está defendendo aqui o uso indiscriminado e desproporcional de sanções processuais para influenciar a vontade do réu no sentido de cumprir toda e qualquer determinação judicial. O exercício da função jurisdicional, assim como o exercício de qualquer outra função pública, exige equilíbrio e razoabilidade, devendo o juiz do trabalho estar atento aos princípios da proporcionalidade e da adequação ao cominar, no curso dos processos, sanções de cunho pecuniário e pessoal.

É chegado o momento de a Justiça do Trabalho postar-se francamente do lado da efetivação dos direitos materiais trabalhistas, utilizando todo o potencial dessas relevantes técnicas processuais para garantir uma integral e verdadeira proteção em juízo das situações jurídicas de vantagem lesadas ou ameaçadas. Dessa forma, o processo haverá de tornar-se verdadeiramente o instrumento para afastar a autotutela privada da parte economicamente mais forte que, infelizmente, tem predominado no dia a dia da jurisdição trabalhista, contribuindo, assim, para a própria efetividade do direito material do trabalho.

O operador do direito não pode mais ignorar a estreita relação entre direito e processo, devendo estar ciente de que uma das funções precípuas do direito processual é promover a efetiva realização do direito material. Nessa linha, é preciso compreender a utilidade dos mecanismos processuais examinados neste trabalho para assegurar a adequada tutela dos direitos substanciais trabalhistas. É verdade que o uso de muitos deles impõe riscos. Entretanto, ressalte-se que a sua não utilização pode também acarretar prejuízos irreparáveis a direitos fundamentais, como efetivamente já vem ocorrendo.

Ora, se a tônica do direito processual contemporâneo está voltada para a concretização da ordem jurídica justa, o que exige uma prestação jurisdicional tempestiva e efetiva, é certo que a livre expropriação de direitos fundamentais trabalhistas – caracterizada pelo descumprimento injustificado de decisões judiciais antecipatórias, cautelares e inibitórias proferidas no âmbito laboral – não pode ser enfrentada de modo eficaz com uma atitude imobilista por parte dos magistrados.

Registre-se que, enquanto os direitos trabalhistas forem publicamente agredidos e os provimentos jurisdicionais emitidos pela Justiça do Trabalho forem voluntariamente descumpridos por seus destinatários, não se concretizará no Brasil a instituição do Estado Democrático de Direito, tal como previsto pela sua Constituição.

Nessa perspectiva, não há mais espaço para o juiz passivo no jogo processual, incapaz de perceber o relevante papel que, como representante do Estado, é chamado a cumprir na luta pela efetivação dos direitos prometidos pela ordem jurídica vigente. A dimensão social que é intrínseca ao direito do trabalho, assim como o seu *status* de direito inviolável e fundamental, exige um magistrado atuante na relação jurídica processual e, especialmente, na aplicação das mais avançadas técnicas processuais instituídas pelo legislador, sempre com o intuito de assegurar a tão almejada e constitucionalmente prometida efetividade da tutela jurisdicional.

REFERÊNCIAS

BARROS, Alice Monteiro de. *Curso de direito do trabalho*. 3. ed. rev. e ampl. São Paulo: LTr, 2007.

BEDAQUE, José Roberto dos Santos. *Tutela cautelar e tutela antecipada*: tutelas sumárias e de urgência. 4. ed. São Paulo: Malheiros, 2006.

_____. *Direito e processo*. 5. ed. rev. e ampl. São Paulo: Malheiros, 2009.

BRASIL. Planalto. *Decreto n. 678, de 06 de novembro de 1992*. Disponível em: <http://www.planalto.gov.br/ccivil_03/decreto/D0678.htm> Acesso em: 06 out. 2009.

BRASIL. Tribunal Regional do Trabalho da 3ª Região. Processo n. 00608-2007-153-03-00-6 AP. Agravante: Paulo Roque. Agravado: Proluminas Lubrificantes Ltda. Relator original: Desembargadora Lucilde D'Ajuda Lyra de Almeida. Relator para o Acórdão: Desembargador José Roberto Freire Pimenta. *DJMG*: 22 nov. 2008, p. 17. Disponível em: <http://as1.trt3.jus.br/jurisprudencia/acordaoNumero.do?evento=Detalhe&idAcordao=660780&codProcesso=655663&datPublicacao=22/11/2008&index=0> Acesso em: 18 jan. 2010.

CAPPELLETTI, Mauro; GARTH, Bryant. *Acesso à justiça*. Tradução e revisão de Ellen Gracie Northfleet. Porto Alegre: Sérgio Antônio Fabris, 1988.

CHIOVENDA, Giuseppe. *Instituições de direito processual civil*. 2. ed. Campinas: Bookseller, 2000. v. I.

_____. *Instituições de direito processual civil*. 2. ed. Campinas: Bookseller, 2000. v. III.

CONVENÇÃO Americana sobre Direitos Humanos. Disponível em: <http://www.planalto.gov.br/ccivil_03/decreto/1990-1994/anexo/and678-92.pdf> Acesso em: 06 out. 2009.

DELGADO, Mauricio Godinho. *Capitalismo, trabalho e emprego*: entre o paradigma da destruição e os caminhos da reconstrução. São Paulo: LTr, 2006.

_____. *Curso de direito do trabalho*. 6. ed. São Paulo: LTr, 2007.

DINAMARCO, Cândido Rangel. *A reforma do código de processo civil*. 5. ed. São Paulo: Malheiros, 2001.

_____. *A instrumentalidade do processo*. 11. ed. rev. e atual. São Paulo: Malheiros, 2003.

_____. *Instituições de direito processual civil*: v. 4. 3. ed. rev. atual. São Paulo: Malheiros, 2009.

FUX, Luiz. *Tutela de segurança e tutela de evidência*. São Paulo: Saraiva, 1996.

GRINOVER, Ada Pellegrini. Ética, abuso do processo e resistência às ordens judiciárias: o contempt of court. In: *Revista de Processo*, São Paulo, Revista dos Tribunais, v. 28, n. 110, p. 218-227, abr. 2003.

GUERRA, Marcelo Lima. Inovações na execução direta das obrigações de fazer e não fazer. In: WAMBIER, Teresa Arruda Alvim (Coord.). *Processo de execução e assuntos afins*. São Paulo: Revista dos Tribunais, 1998.

_____. *Execução indireta*. 1. ed. 2. tir. São Paulo: Revista dos Tribunais, 1999.

_____. *Direitos fundamentais e a proteção do credor na execução civil*. São Paulo: Revista dos Tribunais, 2003.

MAIOR, Jorge Luiz Souto; CORREIA, Marcus Orione Gonçalves. O que é direito social? In: CORREIA, Marcus Orione Gonçalves (Coord.). *Curso de direito do trabalho*, v. 1: teoria geral do direito do trabalho. São Paulo: LTr, 2007.

_____; TOLEDO FILHO, Manoel Carlos. *Da prisão civil por dívida trabalhista de natureza alimentar*. Campinas, 2003. Disponível em: <http://www1.jus.com.br/doutrina/texto.asp?id=4337> Acesso em: 09 jan. 2010.

MALLET, Estêvão. *Antecipação da tutela no processo do trabalho*. São Paulo: LTr, 1998.

MARINONI, Luiz Guilherme. *Efetividade do processo e tutela de urgência*. Porto Alegre: Sérgio Antonio Fabris, 1994.

_____. O custo e o tempo do processo civil brasileiro. In: *Revista da Faculdade de Direito da Universidade Federal do Paraná*, Curitiba, v. 37, p. 37-64, jan. 2002.

_____. *Técnica processual e tutela de direitos*. 2. ed. rev. e atual. São Paulo: Revista dos Tribunais, 2008.

_____. *Antecipação da tutela*. 10. ed. rev. atual. e ampl. São Paulo: Revista dos Tribunais, 2008.

_____. ARENHART, Sérgio Cruz. *Curso de processo civil*, v. 3: execução. 2. ed. rev. e atual. 4. tir. São Paulo: Revista dos Tribunais, 2008.

_____; _____. *Processo de conhecimento*. 7. ed. rev. e atual. São Paulo: Revista dos Tribunais, 2008.

MOREIRA, José Carlos Barbosa. Por um processo socialmente efetivo. In: *Revista Síntese de Direito Civil e Processual Civil*, Porto Alegre, Síntese, v. 2, n. 11, p. 5-14, maio/jun. 2001.

_____. Antecipação da tutela: algumas questões controvertidas. In: *Revista Síntese de Direito Civil e Processual Civil*, Porto Alegre, Síntese, v. 3, n. 13, p. 5-13, set./out. 2001.

_____. Tutela de urgência e efetividade do direito. In: *Revista Síntese de Direito Civil e Processual Civil*, Porto Alegre, Síntese, v. 5, n. 25, p. 5-18, set./out. 2003.

PIMENTA, José Roberto Freire. Tutela específica e antecipada das obrigações de fazer e não fazer no processo do trabalho. Cominação de prisão pelo Juízo do Trabalho em caso de descumprimento do comando judicial. In: *Revista do TRT-3ª Região*, v. 57, p. 117-149, jul./dez. 1997.

_____. A conciliação judicial na justiça do trabalho após a emenda constitucional n. 24/99: aspectos de direito comparado e o novo papel do juiz do trabalho. In: *Revista LTr*, São Paulo, v. 65, n. 2, p. 151-162, fev. 2001.

_____. Tutelas de urgência no processo do trabalho: o potencial transformador das relações trabalhistas das reformas do CPC brasileiro. In: PIMENTA, José Roberto Freire *et al* (Coord.). *Direito do trabalho*: evolução, crise, perspectivas. São Paulo: LTr, 2004.

_____; PORTO, Lorena Vasconcelos. Instrumentalismo substancial e tutela jurisdicional civil e trabalhista: uma abordagem histórico-jurídica. In: *Revista do TRT-3ª Região*, v. 73, p. 85-122, jan./jun. 2006.

_____; BARROS, Juliana Augusta Medeiros de; FERNANDES, Nadia Soraggi (Coords.). *Tutela metaindividual trabalhista* – a defesa coletiva dos direitos dos trabalhadores em juízo. São Paulo: LTr, 2009.

RENAULT, Luiz Otávio Linhares. Que é isto – o direito do trabalho? In: PIMENTA, José Roberto Freire *et al* (Coord.). *Direito do trabalho*: evolução, crise, perspectivas. São Paulo: LTr, 2004.

ROCHA, Cármen Lúcia Antunes. O direito constitucional à jurisdição. In: TEIXEIRA, Sálvio de Figueiredo (Coord.). *As garantias do cidadão na justiça*. São Paulo: Saraiva, 1993.

SILVA, Antônio Álvares da. A desjuridicização dos conflitos trabalhistas e o futuro da Justiça do Trabalho no Brasil. In: TEIXEIRA, Sálvio de Figueiredo (Coord.). *As garantias do cidadão na justiça*. São Paulo: Saraiva, 1993.

SILVA, De Plácido e. *Vocabulário jurídico*. 16. ed. Rio de Janeiro: Forense, 1999.

SILVA, Ovídio Araújo Baptista da. A antecipação da tutela na recente reforma processual. In: TEIXEIRA, Sálvio de Figueiredo (Coord.). *Reforma do código de processo civil*. São Paulo: Saraiva, 1996.

SPADONI, Joaquim Felipe. Fungibilidade das tutelas de urgência. In: *Revista de Processo*, São Paulo, Revista dos Tribunais, v. 28, n. 110, p. 72-93, abr./jun. 2003.

_____. *Ação inibitória*: a ação preventiva prevista no art. 461 do CPC. 2. ed. rev. e atual. São Paulo: Revista dos Tribunais, 2007.

STARCK, Boris. *Obligations*: t. 3 – regime général (em coop. H. Roland e L. Boyer). 5. ed. Paris: Litec, 1997.

SÜSSEKIND, Arnaldo; VIANNA, Segadas; MARANHÃO, Délio. *Instituições de direito do trabalho*. 4. ed. aum. e atual. Rio de Janeiro: Freitas Bastos, 1966. v. I.

TALAMINI, Eduardo. Tutela mandamental e executiva *lato sensu* e a antecipação de tutela *ex vi* do art. 461, § 3º, do CPC. In: WAMBIER, Teresa Arruda Alvim (Coord.). *Aspectos polêmicos da antecipação de tutela*. São Paulo: Revista dos Tribunais, 1997.

_____. *Tutela relativa aos deveres de fazer e de não fazer*: e sua extensão aos deveres de entrega de coisa (CPC, arts. 461 e 461-A, CDC, art. 84). 2. ed. rev. atual. e ampl. São Paulo: Revista dos Tribunais, 2003.

TUCCI, José Rogério Cruz e. *Tempo e processo*. São Paulo: Revista dos Tribunais, 1997.

VIEIRA, Epitácio Fragoso. Malinowski & Procusto: considerações metodológicas. In: *Educação em Debate*, v. 6/7, n. 2/1, p. 1-15, jul./jun. 1983/84.

WAMBIER, Luiz Rodrigues; WAMBIER, Teresa Arruda Alvim. Anotações sobre a efetividade do processo. In: *Revista dos Tribunais*, São Paulo: Revista dos Tribunais, v. 92, n. 814, p. 63-70, ago. 2003.

WATANABE, Kazuo. *Da cognição no processo civil*. 3. ed. rev. e atual. São Paulo: Perfil, 2005.

ZAVASCKI, Teori Albino. *Antecipação da tutela*. São Paulo: Saraiva, 1997.

Produção Gráfica e Editoração Eletrônica: Estúdio DDR Comunicação Ltda.
Projeto de Capa: R. P. Tiezzi
Impressão: Pimenta Gráfica